ALQUIMIA EMOCIONAL

EL ARTE DE TRANSFORMAR LA ADVERSIDAD EN ORO PARA TU CRECIMIENTO.

Sandy
M O R A

Edición y diseño editorial:
Mónica Garciadiego

Corrección Orto-tipográfica:
Ana María Suarez

PORTADA

Obra plástica:
Ricardo Villalobos
Sin título
Técnica mixta sobre barro

Fotografía:
Víctor Xochipa

Diseño:
Eduardo Guerra

AGRADECIMIENTO ESPECIAL:

A Víctor Fernández Mac Gregor por tu apoyo para darle vida a
esta primera edición.

ISBN-10: 1689802898
ISBN-13: 978-1689802895
Independently published

Para Diego, Andrés y Nicolás:
Que llueve, truene o relampaguee,
siempre vivan su vida como una gran aventura
que vale la pena celebrarse TODOS los días.
Gracias por ser mi motor.
¡Los amo con todo mi ser!

Para mi mamá y mi Monkey:
Gracias por el amor, el ejemplo, la influencia,
el apoyo y la presencia aún a la distancia.
Puedo ser quien soy por el camino
que ustedes recorrieron antes de mí.

Para mi hermosa red de apoyo (familia y amigos):
Su compañía y cariño en este viaje son invaluables
y hacen de este camino uno MUCHO más pleno y alegre.
¡GRACIAS! Y mil bendiciones siempre.
Vico, Toti, Mary: jamás podré terminar
de pagar el enorme amor que
nos demuestran a mí y a mis hijos

Para mis maestros de vida:
Los formales y los circunstanciales,
Los amorosos y los confrontantes.
Honro y agradezco profundamente
todos los regalos que me han dejado.

ÍNDICE

PREFACIO

TODOS, absolutamente todos en esta vida pasamos por momentos difíciles...

Si la vida te está poniendo una "Santa revolcada" que puso tu mundo "Patas pa' arriba" y mucho de lo que creías tener certeza se ha vuelto totalmente incierto, la buena noticia es que ¡todas las monedas están en el aire!, todas las posibilidades están abiertas en este momento. De todos los pedazos que queden en el suelo, TÚ puedes decidir cuáles recoges y cuáles ya no, porque ya no los quieres en tu nuevo mosaico de vida. Tienes la oportunidad de replantearte qué quieres y hacia dónde te vas a dirigir de ahora en adelante. Las incomodidades de esta circunstancia te están mostrando partes de ti que puedes trabajar para expandirte y crecer más allá de lo que te habías imaginado posible. Se están rompiendo muchas cosas quizá, pero entre ellas, también tus límites y ahora tienes la oportunidad de avanzar más. Así que ¡ENHORABUENA! Estás vivo y tienes el potencial en tus manos de hacer de este momento un parteaguas en tu historia. ¡APROVÉCHALO!

La intención de este trabajo es ayudarte a que aprendas a encontrar la fuerza interior, luz y capacidades que tienes para convertirte en Alquimista Emocional y poder "Rebotar con gracia" y crecimiento de las adversidades de la vida, y por gracia no me refiero a "de forma chistosa", aunque a veces también sucede, sino a hacerlo de forma armónica.

¿Por qué lo hago?

En la vida hay dos formas de aprender: Académicamente y empíricamente... En mi caso, he pasado por suficientes altibajos en mi historia como para poder hablarte desde la experiencia de primera mano de forma empática, porque sé lo que se siente; y gracias a eso ayudarte a que aprendas a encontrar el regalo oculto de cada situación, el crecimiento en cada adversidad y el humor en cualquier circunstancia.

La vida me ha certificado a punta de "cachetada guajolotera" en Resiliencia, y complementé esos aprendizajes con una Maestría en Desarrollo del Potencial Humano y muchísima lectura para tener mejores herramientas y así poder ayudar y acompañar en este camino de la Alquimia Emocional a quien lo requiera. Pero mi motivo principal para hacerlo es porque tengo una necesidad interna de devolver un poco de todo lo que me ha sido dado (he sido altamente bendecida). Lo hago porque sentirme útil le da propósito y sentido a mi vida y porque creo que este es mi Don y mi granito de arena para hacer este mundo un poquito mejor para todos.

En nuestras raíces colonizadas/católicas en Hispanoamérica, existe aún una cultura muy arraigada de sentirnos víctimas, y el pesimismo está a la orden del día con el constante bombardeo de malas noticias y tragedias en los medios y entorno social. Necesitamos darnos cuenta de que todo lo que nos pasa puede transformarse en un aprendizaje positivo. Todo tiene el potencial de convertirnos en seres humanos más sabios y luminosos: **Esa es la misión.**

Se trata de que tomes consciencia de tu propio poder y del poder que tienes de elegir la vida que tú quieres, independientemente de las circunstancias que te toquen, y de guiarte para "develar" tu corazón para vivir una vida plena en la que te sientas mayoritariamente bien. Quiero proveerte herramientas con las que puedas aprender y ejercitar la resiliencia, la aceptación, la gratitud, la ayuda, el sentido del humor, la fe, el optimismo, la auto-compasión, el empoderamiento y el crecimiento.

Este libro está dirigido a quien está viviendo una circunstancia adversa o pérdida en su vida; pero también es para quien ya pasó

por ahí y aún no logra recuperarse, o quien simplemente quiere tener más herramientas a la mano para cuando la vida suceda, como suele inevitablemente hacerlo.

La Resiliencia o Alquimia Emocional consta de una serie de habilidades y es parte medular de la Inteligencia Emocional. Es una característica que ha correlacionado en diversos estudios, **incluso más que el coeficiente intelectual, con niveles más altos de satisfacción personal y laboral y con mayor capacidad para lidiar con el cambio.**

Hemos sido puestos en este mundo para experimentar toda la gama de sentimientos: TODOS. Experimentar y sentir son el objetivo último de estar vivos, para así combinar nuestro sagrado regalo de la consciencia y co-creación, con el sentir y experimentar de la realidad material. Solo sintiendo sabemos que estamos vivos y solo viviendo diversas experiencias es que podemos sentir todo el espectro de emociones.

Mi visión personal es ayudar a que este mundo sea un lugar mejor, más feliz, más consciente y amoroso. Y la visión que pretendo con este libro es esparcir esperanza, positivismo, posibilidad, fe, humor y sabiduría para ayudarte a vivir de una forma mucho más enriquecida.

Espero que sea una contribución valiosa a tu vida y al momento que te está tocando vivir. Con una sola persona que encuentre valor en las líneas de este libro y genere algún cambio positivo en su vida, la misión de esta obra (y parte de la mía) estarán cumplidas.

Me hará muy feliz recibir cualquier comentario que quieras hacerme, una vez que termines de leer, respecto a si te ayudó este libro y de qué forma

Gracias por leerme y te invito a seguir celebrando la vida TODOS los días.

Sandra.

Alquimia Emocional

INTRODUCCIÓN

*"Dulces son los frutos de la adversidad,
que como un sapo feo y venenoso,
lleva en su cabeza una preciosa joya."*
-William Shakespeare.

"Cuando la vida te da limones, haz limonada"... ¿y cuando te de "excremento"? ¡Haz abono para tu propio crecimiento! Me encantó la metáfora que le escuché a Richard Wilkins sobre las circunstancias desagradables y crisis de la vida. ¡Es que así tal cual es! O haces eso, o vivirás como víctima.

Cuando andamos tras la tan sobada felicidad, lo primero que necesitamos es estar en equilibrio y armonía. Pero ¿cómo tener equilibrio y armonía ante circunstancias adversas y negativas? Pues justo gracias a ellas es que es posible.

Me explico:

Equilibrio: balance, entre lo bueno y lo malo, lo blanco y lo negro, la luz y la sombra.
Armonía: proporción entre notas y silencios.
Energía: se necesita polo positivo y negativo.
Vida: Sístole y diástole, inhalación y exhalación.

¡La vida es un proceso de expansión y contracción!

Intenta lo siguiente: Inhala profundo... Inhala de nuevo... Otra vez... Inhala un poco más... sostenlo... Vuelve a inhalar. ¡NO EXHALES!...

¿Qué tal? ¿Se puede? ¡Claro que no! Tienes que soltar y "dejar morir" la bocanada anterior para poder permitir que nuevo aire fresco entre a tus pulmones.

¡Así es la cosa! No es que estés pagando un karma particular, ni que cargues por quinta generación con una maldición familiar. No es que el Universo la traiga contigo... ¡Es que así es el flujo de la vida, para TODOS! Todos vivimos momentos de gozo y momentos de dolor y adversidad. La gran diferencia entre que triunfes sobre esas adversidades y crisis, o que te hundas en ellas, es la actitud con la que las afrontas, lo que aprendes de ellas y la forma en que permites que esas experiencias y aprendizajes te transformen y te hagan una mejor persona.

Así, justo con esa materia fecal apestosa que es deshecho para unos, es que se nutren las plantas para fortalecerse, crecer y florecer. Así que ya sabes: si quieres poder hacer Alquimia Emocional (Transformar la adversidad en oro) con tus circunstancias de vida, acuérdate de la metáfora del abono y la planta.

Ante un evento devastador o perturbador, el Alquimista Emocional no solo se sobrepone, sino que crece y se desarrolla... Se trata de la transformación de las circunstancias y actitudes negativas en nuevas posibilidades. Se trata de ver las oportunidades en los problemas.

Un "Alquimista Emocional" o lo que se denominaría una persona altamente resiliente, es alguien que sabe usar ciertas herramientas y que se avienta el clavado hacia adentro, se auto-conoce y vive el proceso de "afrontamiento" a la adversidad de forma consciente y madura. ¿La gran noticia? Son habilidades que se pueden aprender y desarrollar, si así lo decides.

Cuando un hecho o experiencia negativa te mantiene anclado en el pasado y reactiva en ti, una y otra vez, la misma emoción que desató cuando sucedió, generando malestar y sobre-reacciones emocionales, se le llama trauma y a las emociones que desata se les llama estrés post-traumático. Es importante reconocerlo y trabajarlo, de preferencia con ayuda de algún especialista, para poder superarlo. Una vez superado e integrado como aprendizaje de vida, puede convertirse en "Crecimiento post-traumático" como lo llama John P. Wilson en su libro "The Post traumatic self".

Pero no tienes que haber pasado por un evento clínicamente traumático, ni necesariamente ir a terapia cada vez que te pase algo que te mueva de tu zona de confort para poder sacar algo bueno de ello. Todo, absolutamente TODO lo que te sucede puede ser utilizado como combustible para propulsarte a algo mejor.

La decisión de hacerlo, y transformar las circunstancias adversas en oro molido para tu crecimiento está en tus manos.

Mi intención con este libro no es la de sustituir en lo más mínimo el acompañamiento terapéutico profesional que me parece muy sano y en ocasiones muy necesario (soy ferviente creyente en los beneficios de la psicoterapia).

Lo que quiero lograr al escribir este documento, es compartir contigo aprendizajes personales, teoría, herramientas, ejemplos y algunos tips que te inspiren y ayuden a transformar la manera en que lidias con la adversidad para convertirte en un verdadero Alquimista Emocional de tu propia vida y así poder vivirla con mayor gozo.

Así que, aquí vamos...

CAPÍTULO 1

¿POR QUÉ ME PASA ESTO A MÍ?

"La vida es aprender a perder lo que ganaste".
-Albert Espinoza.

Seguramente tú te has encontrado en situaciones en las que te has hecho esta pregunta ¿por qué me pasó esto a mí? o has escuchado a alguien cercano hacérsela, ¿cierto?

Te tengo una noticia: No solo te pasa a ti... ¡nos ha pasado a todos!

La vida es caótica, compleja, cambiante y sorpresiva... ésa es su naturaleza. El Universo funciona así: El orden perfecto, es siempre temporal... por más controlador, organizado, obsesivo, perfeccionista y metódico que seas, ESO, no lo puedes cambiar. A TODOS nos toca vivir con esta realidad. Y quizá sea el tener que aceptar eso lo que te ponga ansioso o te moleste (como a mí en el pasado), porque la ilusión de control da mucha (falsa) seguridad, pero no es más que eso: una ilusión, y tarde o temprano sucederá algo o, como en mi caso, MUCHAS COSAS, que te enseñarán que no hay nada seguro, que hay que aprender a fluir con el cambio constante y caótico de la vida y que eso es vivir con consciencia y libertad.

En la vida NADA se queda estático, todo está en movimiento... hasta las montañas mismas, las placas terrestres, ¡vaya! estamos montados en una roca que gira a miles de kilómetros por hora sobre su propio eje y alrededor del sol, en una galaxia que se está desplazando a toda velocidad en el universo... como es en lo macro, es en lo micro, ¡TODO se mueve! no puede mantenerse un estado de cosas permanente, controlado e inmóvil. Todo está en movimiento y cambio, incluso nuestro cuerpo al dormir.

Las expectativas son la madre del avance y la innovación, pero también de todas las frustraciones. El problema no es esperar un resultado determinado, el problema viene cuando nos aferramos a una idea de cómo tienen que ser las cosas, cuando queremos controlar el resultado, cuando nos cerramos a una sola posibilidad...entonces es que nos volvemos rígidos, nos hacemos inflexibles y, en un 99% de las ocasiones, acabamos frustrados, enojados e insatisfechos, porque la vida fluye hacia donde debe ir, y no hacia donde nosotros necesariamente queremos que vaya.

Spoiler alert para mis amigos y amigas controladores como yo: Lo único que tú puedes controlar en esta vida son tus sentimientos, pensamientos, palabras y acciones... NADA más está en tus manos. Y quienes no entiendan esto, están condenados a sufrir constantemente.

Vivimos en una realidad dual. La vida, como lo comentamos en la introducción, es un ciclo de expansión-contracción. Y así como

inhalar – exhalar vienen en binomio, lo mismo sístole y diástole, luz y sombra, vivir y morir, perder y ganar. ESO es vivir.

Imagina que estás conectado a un monitor cardíaco, de esos que están en los hospitales monitoreando los signos vitales de los pacientes delicados. La gráfica marca los latidos de tu corazón como picos y caídas. Si la línea se queda plana, significa que estás muerto. Pues ese es el ejemplo más claro de cómo funciona la vida: con picos y caídas, como una montaña rusa que tiene momentos en que el carrito va cuesta arriba lentamente y otros donde cae en picada; que tiene "loops" que nos ponen de cabeza y de repente tiene curvas inesperadas.

Luego bajamos del viaje: despeinados, llenos de emoción y con una gran sonrisa queriendo subir otra vez. A veces divertidos, a veces asustados, pero siempre con una experiencia emocionante. ¡Eso es vivir! Las subidas son esfuerzo, las bajadas quizá tropiezos, los "loops" o vueltas de 360° son malas rachas, las curvas, situaciones inesperadas y, sin embargo, la idea es, que al bajarte, al final puedas decir: ¡WOW qué viaje! ¡Fue emocionante y valió la pena!

Ahora, podrás decirme que a ti no te gustan las emociones fuertes y prefieres no subirte a las montañas rusas... lo entiendo. Pero en la vida, así sea que pretendas mantenerte solo en el carrusel (que también da vueltas y los caballitos suben y bajan), o prefieras quedarte sentado en una banca, las experiencias sorpresivas, fuertes o dolorosas te llegarán **inevitablemente.**

Tocar fondo en ciertos momentos es ineludible, y es la oportunidad de impulsarte hacia arriba y lograr llegar más alto, de expandir tu existencia, pero más importante, de expandir tu consciencia.

El objetivo no es estar libre de cambio o movimiento, ni no sentir jamás dolor. Eso va a pasar cuando estés muerto. Tu objetivo es que estas experiencias te lleven a un mejor lugar y te hagan un mejor ser humano.

Las situaciones límite, adversidades o tragedias son parte natural de la vida y son o serán, eventualmente, parte de nuestra historia, pero eso no tiene por qué ser un drama... El drama, la verdadera tragedia, es permitir que esos momentos definan nuestra experiencia en este planeta y a partir de entonces los sigamos arrastrando con nosotros permanentemente, saboteando nuestra existencia, hasta que nos toque "entregar los tenis".

La vida no está determinada por lo que te pasa, sino por cómo lidias con lo que te pasa. Tanto los conservadores, los pesimistas y los controladores, como los optimistas y arriesgados, tendrán que lidiar con sus propias dosis de crisis, dolor, "malas rachas", "movidas de tapete", pérdidas, conflictos, contratiempos y retos... La GRAN diferencia está, en cómo los optimistas deciden aprovecharlos a su favor, mientras que los pesimistas o controladores los resisten, sucumben al miedo y enojo crónicos.

Y no voy a hablar aquí del optimismo como un estado mental desconectado de la realidad, que pretende "hacer como que no pasa nada" y tapar el sol con un dedo... NO lo haré, eso sería ingenuo, tonto, dañino y poco práctico. Del tipo de optimismo que yo hablo, es aquel que es **realista**, aterrizado y que sabe los contras, pero decide enfocarse en los pros y actuar en consecuencia. **Ser optimista no es ver la realidad mejor de lo que es, sino simplemente no verla peor de lo que objetivamente es.**

El pesimista ve todo lo que puede salir mal, lo generaliza, lo exagera, lo distorsiona y eso lo paraliza. El optimista ve las posibles consecuencias, pero se enfoca en encontrar las posibles ventajas y oportunidades que la situación trae consigo, es capaz de mantener la calma interna y, entonces, puede tomar acción y salir del bache con mucha mayor facilidad. El mantenerte positivo y optimista no quiere decir que todo va a estar bien, sino saber que tú vas a estar bien sin importar lo que pase. Ese optimismo es necesario para poder hacer esto que yo llamo "Alquimia Emocional" y está

comprobado científicamente que una postura optimista frente a la vida, correlaciona directamente con la resiliencia y la capacidad de sobreponerse a situaciones límite.

Ahora bien, esto requiere de voluntad y mucha práctica, pues genéticamente, la evolución nos ha cableado para tener un sesgo hacia lo negativo. ¿Por qué? Porque para preservar la vida, todas las especies desde los primeros reptiles, tuvimos que desarrollar más nuestra capacidad de ver los posibles problemas, peligros, riesgos y amenazas. Si uno de nuestros ancestros se preocupaba de más y en realidad no se lo comía un león, pues no pasaba nada; pero si se preocupaba de menos y por eso se lo comía el león, pues desaparecía de la faz del planeta y se ponía en riesgo la especie. Por lo tanto, en la prehistoria, el pesimista vivía y el optimista, moría.

El cerebro entonces desarrolló un mecanismo para almacenar primero y con más prioridad las experiencias negativas y desestimar las positivas... El Dr. Rick Hanson, en su libro "Hardwiring Happiness" lo define como que **"nuestro cerebro desarrolló velcro para lo negativo y teflón para lo positivo".**

En estudios realizados por el neurocientífico Alex Krob de UCLA, se encontró que la preocupación estimula el córtex prefrontal y baja la actividad de la amígdala, ayudando al sistema nervioso a permanecer relativamente en calma por lo cual, cuando nos ponemos ansiosos, nos preocupamos; pues así nuestro sistema nervioso "siente" que estamos haciendo algo al respecto sin necesidad de hacerlo en realidad. Algo similar pasa con la culpa y la vergüenza, que se ha descubierto que activan los centros de recompensa del cerebro, lo cual explica por qué tanta gente tiende a esas emociones. ¿Eso quiere decir que estamos destinados a ser pesimistas, culposos, avergonzados y ansiosos? ¡Claro que no! Simplemente explica el por qué necesitamos poner en práctica el arte de la Alquimia Emocional: para superar ese estado primitivo y recablear el cerebro.

Hoy en día, donde las condiciones de vida (en general, en regiones urbanizadas y países que no están en guerra) ya no amenazan nuestra supervivencia básica, empieza a ser relevante ya no solo sobrevivir, sino empezar a vivir plenamente y con bienestar, buscando nuestra auto-realización. Estamos viviendo en los tiempos de evolucionar un paso adelante, a usar más nuestra corteza prefrontal, conectar con nuestra conciencia y reaccionar menos al cerebro reptiliano.

Para esto existe, afortunadamente, la neuroplasticidad del cerebro. Se ha comprobado que se puede re-cablear y entrenar al cerebro para desarrollar la capacidad de apreciar lo positivo. A esto me refiero cuando hablo de que practicar la Alquimia Emocional nos ayudará a evolucionar y ser mejores seres humanos, más felices y plenos.

Además de este sesgo evolutivo, sumemos que nuestra visión del mundo y nuestra forma de percibir la vida, está también moldeada, en gran medida, por nuestro entorno familiar y los patrones de conducta que aprendimos. La forma en que nuestros padres y figuras de influencia afrontan los conflictos y las adversidades, seguramente tiene muchísimo que ver en cómo aprendimos a encararlas nosotros mismos.

Ver la vida como un valle de lágrimas al que venimos a cargar nuestra cruz; como un campo de batalla en el que hay que luchar, defenderse y competir para ser alguien en la vida; como un gran experimento al que venimos a aprender a base de prueba y error, o como un regalo maravilloso que nos toca agradecer a cada momento; depende muchísimo de lo que vimos modelar en casa.

Date un momento para pensar: ¿Qué patrones has aprendido tú de tu familia en este sentido?

El entorno cultural, los círculos de personas de los que nos rodeamos, la ideología religiosa en la que fuimos criados, el tipo de educación escolar que tuvimos, los contenidos a los que nos expo-

nemos en los diferentes medios de comunicación y las creencias que nos fueron inculcando desde nuestra más tierna infancia en todos los contextos en los que nos movimos tienen un peso específico en los paradigmas que tenemos de la vida y la filosofía o lente a través del cual la miramos. La buena noticia es que, si esos paradigmas te están estorbando o haciendo sufrir ¡los puedes cambiar!

Querer cumplir con los estándares y expectativas que nos impone la sociedad, los medios, el entorno cultural y religioso, de ser "perfectos", "poder con todo", ser "Exitosos", etc., nos hace ser poco resilientes y genera un alto grado de estrés y frustración, pues es IMPOSIBLE.

Las decepciones surgen cuando la realidad no cuadra con lo que nuestra imaginación cree que debe suceder (en el argot de los medios de comunicación diríamos que no hay "match" entre audio y video). Generamos expectativas sobre otros desde nuestras propias creencias, idiosincrasias, carencias, valores, necesidades o miedos, que evidentemente NO son lo que mueve al otro, ni lo que siente o piensa. Y a veces también las expectativas auto-impuestas a nosotros mismos, son las más exigentes e imposibles de cumplir... Las expectativas mal manejadas corren el riesgo de volvernos rígidos y tienen un alto potencial de generar frustración y profundo sufrimiento. Esto lo he corroborado a punta de golpes de realidad, y con ellos he aprendido que **hay que ser feroz con lo que deseas y las acciones para lograrlo, pero flexible, abierto y amorosamente aceptante de la respuesta que el Universo y las demás personas te den.** Ábrete a lo que venga y déjate sorprender.

Somos humanos, la perfección no existe porque siempre habrá algo que se pueda mejorar. No podemos hacer TODO bien TODO el tiempo. Nuestra naturaleza es imperfecta. No podemos NO tener crisis, NO podemos NO cometer errores o NO pasar por malos momentos, sin embargo, el sistema y la sociedad nos han hecho creer que así deberíamos ser, que quien comete errores o atraviesa una crisis y se hunde en ella o la pasa mal por sus problemas, es un "looser", un perdedor, poco valiente, poco valioso y eso nos genera un sentimiento de fracaso, de culpa, de vergüenza, de no valía y de no pertenencia. No somos lo que se esperaría que fuéramos, de acuerdo al canon establecido de ser "triunfador". Pero ese canon es totalmente absurdo e inalcanzable. ¡Hay que soltarlo!

Como humanos nuestra responsabilidad es aprender, y el verdadero aprendizaje solo se puede dar a base de prueba y error. Piensa en un niño que aprende a caminar... ¿cuántas veces se desbalancea, se tropieza o choca con algo y se cae? Y no lo vemos lamentarse ni culparse por eso, ¿verdad? Ni tampoco nos atreveríamos a decirle: "¡Ah, cómo eres inútil!. ¿Por qué no lo haces bien a la primera?". El bebé que está aprendiendo a caminar siente tal gozo de estar descubriendo nuevas habilidades que simplemente se levanta y lo vuelve a intentar incansablemente hasta lograrlo.

Así nos toca a los adultos también. El chiste es aprender a tener gozo a base de lidiar positiva y constructivamente con todo lo que pasa en nuestras vidas, incluso lo doloroso, el fracaso y la pérdida. Aprender a manejar las emociones aflictivas, no vencernos, volvernos a levantar y seguir adelante con más experiencia es lo que nos hace humanos, es lo que nos hace resilientes. La resiliencia es la llave para tener una vida plena.

Un alquimista emocional es alguien que no se latiguea por equivocarse y fracasar, que se sabe imperfecto y humano. Que, con todo y eso, y gracias a eso, es que puede aprender, mejorar y transformar las cosas. No sientas vergüenza por mostrarte vulnerable, la vergüenza es asesina de la resiliencia.

Un robot perfecto que no tiene ningún error, que no se inmuta ante los embates de la vida, que no le duele nada y que no se deja tocar por el dolor, tampoco puede sentir el amor, no puede mejorar realmente, no puede crecer, no puede evolucionar. La razón de

nuestro dolor, de nuestros errores, de enfrentar la adversidad es CRECER, APRENDER, EVOLUCIONAR, es parte de nuestro papel como seres humanos y nuestro para qué en este mundo. La resiliencia está en enfrentar las situaciones y en esforzarte por superarlas, no necesariamente en el "éxito" que logres obtener. El camino es el que te hace ser un buen alquimista.

El autor Neil Pasricha lo resume de forma clarísima en su libro "How to get back up again" (Cómo levantarse de nuevo): **"Más pérdidas significan más ganancias"**. ¡Es mera estadística! El bateador que más hits tiene en su récord, será también el que tiene el mayor número de strikes. Mientras más veces pasó a batear y más veces falló, también más probabilidades tuvo de lograr hacerlo bien. Lo que nos mantiene aterrados de intentarlo es la falsa y tóxica creencia de que no debemos fallar jamás.

Para empezar a romper esos paradigmas limitantes, simplemente cuestiónate: Mi visión y forma de percibir la vida, filtrada por todas esas creencias y paradigmas, ¿me está siendo funcional hoy? ¿Me hace sentir bien? ¿Me permite avanzar, crecer, aprender y fluir de una forma positiva con la vida y sus circunstancias? ¿Me está permitiendo sobreponerme de forma constructiva a las adversidades que enfrento?

Si es así, ¡felicidades! Eres muy afortunado de haber crecido en un entorno mayormente positivo que te ha dado gran resiliencia.

Pero si tu respuesta es no, o no en todos los casos, ¡no te preocupes! Tienes dentro de ti la capacidad de cambiar eso.

Así que: ¿Cómo decides ver esto que te está pasando? ¿Como un problema?¿O como una oportunidad llena de posibilidades?

Aprender a ver los problemas y adversidades como una oportunidad y ser resilientes es una capacidad que todos podemos entrenar, si así lo decidimos, independientemente del equipaje que venimos cargando.

"Son las historias que te cuentas cuando ´pasan cosas´ en tu vida lo que hace TODA la diferencia".
- Bryan Reeves.

Existen muchísimos estudios alrededor de la resiliencia y los factores que ayudan a que una persona sea resiliente o desarrolle esta capacidad. Sobre todo, en los últimos 24 años y a raíz del surgimiento de la *psicología positiva* es que se ha dado importancia a estudiar qué es lo que hace que unas personas puedan sobreponerse a la adversidad de mejor forma que otras.

Empecemos por definir esta palabra: RESILIENCIA. En la física tradicional, es la capacidad de un material de regresar a su forma original después de haber sido sometido a presión. El ejemplo más claro que se me ocurre son las almohadas y colchones hechos con un material comercialmente llamado "memory foam" que adquieren la forma de tu cabeza o de tu cuerpo y que, al momento de levantarte, recuperan su forma original sin ninguna deformación. Este término (Resiliencia) se ha utilizado también para nombrar la capacidad de una persona de regresar a su homeostasis o equilibrio normal después de enfrentar una presión o adversidad. Pero, como lo dijimos antes, nosotros y nuestro entorno estamos en movimiento constante, por lo que jamás será posible regresar exactamente al punto de partida. Se puede retomar un nuevo equilibrio, porque, después de pasar un evento devastador o perturbador, no somos ya la misma persona.

Hay un nivel aún mayor de resiliencia, como el de la pelota que si es lanzada con fuerza contra el piso, al momento de golpearlo se deforma y se aplasta de un extremo, pero al retomar su forma y por contrafuerza, se impulsa y rebota incluso aún por arriba del nivel del que fue arrojada en un origen, pudiendo tomar una trayectoria nueva. A esto, llevado al ámbito de las experiencias personales, se le podría llamar **"Rebotar con ganancia"**. Más que rebotar para

regresar a donde estabas antes, se trata de atravesar, moverte y llegar a un nuevo lugar. Hacer un "stretch" o estirarte más allá de tu zona de confort anterior y, a raíz de una crisis o evento traumático desarrollar tu potencial, llevándote a un nivel más alto de capacidad, aprendizaje, consciencia y sabiduría.

Erick Gratens, en su libro "Resiliencia" lo plantea así: Cuando el dolor te golpea, no golpea un "blanco" estático, lo que golpea es un blanco en movimiento. El golpe no te detiene, lo que hace es simplemente desviar tu trayectoria. Tú puedes decidir si esa nueva trayectoria te llevará cuesta abajo o a un nuevo lugar al que le encuentres un nuevo sentido. Algunos estudiosos le llaman a esto: **"crecimiento post-traumático."**

A esta capacidad de convertir las adversidades en oro molido para nuestro crecimiento yo le llamo **ALQUIMIA EMOCIONAL**. La capacidad que todos tenemos y que podemos desarrollar, de sacar lo mejor y crecer ante las adversidades que se presentan en nuestra vida. Quien la pone en práctica se convierte en un ALQUIMISTA, que descubre cómo transformar los problemas en oportunidades y el dolor en crecimiento.

¿Por qué Alquimia? Los alquimistas en la edad media (la versión más conocida popularmente), eran quienes estudiaban los elementos y buscaban la forma de transmutar el plomo en oro. De esa alquimia se desprende la química moderna. Pero la alquimia ha sido practicada desde la antigüedad en diversas culturas (Mesopotamia, Egipto, Persia, India, China, Grecia, Roma, etc.) con distintos fines, incluso místicos, esotéricos, espirituales y artísticos: Transmutar la energía terrenal en energía divina, encontrar el elixir de la vida, la piedra filosofal, lograr evolucionar de un estado imperfecto y efímero hacia un estado perfecto y eterno o pasar de la ignorancia a la iluminación.

La alquimia es el arte de transformar o transmutar algo en otra cosa totalmente diferente y de mayor valor. En este caso, yo busco enfocarme en la transformación de emociones aflictivas y limitantes, generadas por circunstancias adversas, eventos traumáticos y crisis, en emociones positivas que posibiliten el surgimiento del potencial personal, el crecimiento y el desarrollo del ser.

El alquimista emocional es alguien que transforma la frustración y el enojo en acciones prácticas y constructivas, el miedo en prudencia y atención, el dolor en combustible y crecimiento y los errores en escalones de aprendizaje para el avance. Y todo lo basa en la Voluntad, en DECIDIR aceptar el mundo como es, sin resistencia y en mantenerse fuerte (consciente) ante las crisis, transformando o transmutando aquello que no puede cambiar, en material enriquecedor para su vida.

Un alquimista emocional, podría también definirse como un jardinero que aprovecha la mierda y basura (circunstancias desagradables y dolorosas) para generar composta y abono que nutra su jardín, fortalezca sus raíces y lo haga florecer más fuerte y frondoso o, como coloquialmente se dice: quien sabe hacer de los limones que la vida le da, una deliciosa y refrescante limonada.

Ser Alquimista Emocional, es una capacidad para un proceso que no acaba. Se vuelve una forma de ver, vivir y enfrentar todos y cada uno de los momentos que la vida nos presenta.

¡Tú puedes aprender el arte de la Alquimia Emocional si lo decides! Mi experiencia es que ¡sí es posible! Este libro es una guía que te dará herramientas y te facilitará el proceso para lograrlo.

Así que la invitación es a que cambies la pregunta "¿Por qué me pasa esto a mí?" por la pregunta: "¿Cómo aprovecharé esto que me pasa, para mi crecimiento?

CAPÍTULO 2

MI CAMINO HACIA LA ALQUIMIA

"Las circunstancias no hacen al hombre, solo lo revelan"
-Epícteto.

Estaba atravesando por uno de los momentos más dolorosos emocionalmente de toda mi vida... Uno que me causaba un dolor físico real, como si literalmente me estuvieran abriendo el pecho y arrancando el corazón (así de cliché y cursi como suena). Lloré por 3 meses lo que no había llorado en toda mi vida. En varias ocasiones me encontré tirada en el piso, en posición fetal, meciéndome y sollozando cual plañidera desgarrando sus vestiduras sin poder parar, agotada, con una impotencia absoluta y sintiendo que me hundía en arenas movedizas y me ahogaba sin que todos mis esfuerzos por salir a flote sirvieran de nada. Estaba destrozada emocionalmente, a la deriva, sin poder entender absolutamente nada: eso era lo que más me pegaba... ¡no entender!.

Para quienes me conocieron en mi adolescencia y juventud temprana, saben que este cuadro que acabo de describir es totalmente anti-Sandy. Si hay algo que siempre me ha incomodado es la postura de víctima. Me he caracterizado por ser una mujer práctica, analítica, de acción, valiente y echada para adelante... y, sin embargo, estaba viviendo la peor de las crisis emocionales de mi vida y me sentía totalmente desvalida. Pero ¿por qué? Si había podido sobrellevar sucesos similares y otros que se pueden calificar como sacudidas mucho "más fuertes" de forma muchísimo más funcional, con una "fuerza", claridad y buen ánimo de llamar la atención. ¿Qué me estaba pasando ahora?

Para contextualizar mejor el porqué de la sorpresa de sentirme así, déjame ir hacia atrás y contarte un poco más de mí y cuáles fueron esas otras "sacudidas":

Creo que una de las cosas que mejor pueden ayudar a entender quién era Sandra, es que siendo estudiante universitaria me gané el apodo de "Sub-comandante Mora" aludiendo al movimiento zapatista en Chiapas en los años 90´s. Líder, organizada, inteligente, racional, responsable, analítica, muy directa, extrovertida, confrontadora y siempre con el argumento perfecto, independiente, buscando justicia, en el "deber ser" constante, rígida, estricta, crítica y MUY controladora... ¡castrante para acabar pronto! Claro que tenía mis puntos suaves, sociables y con sentido del humor, pero los mostraba poco, o muy selectivamente y la balanza se inclinaba claramente al lado "duro" de Sandra, percibida de lejos como fría, inaccesible e incluso "mamona".

¿De dónde salió tremenda coraza que guardó en un búnker mi corazón de niña vulnerable, sensible y suave que algún día debí de haber sido? Después de años de terapia y fuertes jalones de tapete en la vida, lo que llegué a entender es que construí esa muralla para protegerme del rechazo y el abandono. ¡Les tengo pavor porque me han lastimado mucho! Y, por ende, construí toda esa armadura y

fachada como mecanismo de defensa. Por un lado, para demostrar y demostrarme a toda costa lo "chingona" que era, digna de respeto y de ser valorada y para demostrar también que podía sola y no necesitaba de nadie. Para solo dejar entrar a la antesala de mi búnker a quienes demostraran genuino interés y fueran "dignos" de confianza.

¿Por qué? Quizá porque desde muy temprana edad tuve un padre ausente que jamás se interesó genuinamente por mí. Cuyo amor y apoyo emocional y financiero brillaron totalmente por su ausencia, cuya presencia tuve que mendigar y cuyo abuso tuve embotellado por años hasta que decidí no exponerme más a seguir siendo herida por su evidente indiferencia e incapacidad de amar.

Y bueno, también por tener una mamá (a quien, dicho sea de paso amo y agradezco profundamente) que, dadas las circunstancias de haberse casado muy joven e ingenua con un personaje así, después de separarse tuvo que salir a estudiar una carrera, demostrar que podía ser independiente y trabajar para sostenernos a ambas, por lo que también estaba constantemente ausente y necesitaba que yo me hiciera responsable desde chica.

¿Soy la única que se ha enfrentado a circunstancias similares? Por desgracia no, es mucho más común de lo que debería. Pero ante circunstancias parecidas, cada persona, de acuerdo a su entorno, su crianza, sus creencias y su percepción, las interpreta, acomoda y reacciona de forma diferente. Esta fue mi manera de lidiar con ello: Mi búnker, mi pasamontañas, mi fusil, mi "dureza", mi perfeccionismo, mi control y mi racionalidad.

Así funciona nuestro cerebro primitivo: Siempre alerta, buscando signos y señales de lo que potencialmente nos puede herir y lastimar... generando estos mecanismos de supervivencia que tienen su origen en el cerebro reptiliano, cuya función es mantenernos con vida y dentro de la "manada" para preservar la especie. Ese mecanismo, por supuesto que nos es útil en situaciones de verdadero riesgo. El problema es que el ego, al que llamo también el chango loco o "Voldemort", que vive dentro, generalmente es quien dirige nuestra mente para que produzca una serie de pensamientos, que se vuelven repetitivos y que mantienen al cerebro reptiliano a la defensiva constantemente.

Es el ego quien escribe el guion de cómo interpretamos, reaccionamos y actuamos en nuestra vida; basado en nuestras experiencias y en nuestra "programación", contándonos una historia que toma pedazos de realidad, generalizando, exagerando y "parchando" los huecos con información que no siempre está basada en hechos reales, sino que nace de nuestras heridas, carencias y miedos, haciéndonos generar estos "falsos mecanismos de supervivencia" (porque nuestra vida en realidad no corre peligro) y haciéndonos actuar en automático porque, generalmente, ese guion se va guardando en el inconsciente.

Ese chango loco es un guionista altamente creativo que interpreta y acomoda los hechos para que tengan una narrativa "coherente" - que no siempre real- y que busca constantemente refuerzos para confirmar dicha narrativa. El guion que se fue escribiendo en mi cabeza interpretó que algo había en mí que estaba mal y que por eso no era digna de cariño, interés, presencia y compañía. Tenía que demostrar a toda costa que estaba bien y en lo correcto, que era digna y capaz y que tenía que protegerme siendo totalmente autónoma, rascándome con mis propias uñas y viendo por mí, porque probablemente nadie más lo haría.

Hoy entiendo que era lo que me tocaba, que cada uno de mis progenitores hizo lo mejor que pudo desde su circunstancia, su historia, su capacidad y su nivel de consciencia y soy capaz de agradecer lo que sí me ha sido dado, que además es mucho. Pero también estoy clara de que hay heridas que aún duelen y que mis mecanismos de defensa aún brincan inconscientemente cuando algo o alguien, especialmente alguien cercano, me hace sentir criticada o

juzgada; cosa que mi cerebro percibe como no aceptada = recha-zada = potencialmente abandonada = potencialmente muerta por no pertenecer... ¿Qué tal esos "cableados" neuronales que vamos formando y que generan nuestra "lógica" emocional, que muchas veces no tiene ninguna lógica?

Es así como varios sucesos a lo largo de mi infancia, adolescencia y adultez temprana me fueron reforzando esta percepción de que tenía que ser autónoma, capaz y fuerte porque estaba sola, al mis-mo tiempo que debía demostrar que era digna. Esto fue poniendo más tabiques y capas de acero al muro que protegía mi tiernito y lastimado corazón.

Pero en los últimos 11 años de mi vida, nuevos sucesos más con-tundentes también han ido poco a poco dando cincelazos intensos y certeros al caparazón que amurallaba este corazón, abriendo grietas por las que fueron entrando el aire y la luz hasta que, finalmente después de años de martillazos (así de dura era la cora-za, y también mi cabeza), el golpe final, o el que en su momento pensé que sería el final, rompió por completo la armadura, deján-dome totalmente abierta y vulnerable. ¡TERROR! y a la vez, ALIVIO...

El primer martillazo fuerte sucedió en mayo del 2008 cuando, tras 15 años de relación y 2 hijos, finalmente decidí poner fin a mi primer matrimonio después de una ardua búsqueda de soluciones por años y mucho malestar y dolor acumulado por ambos... Fue un proceso previo que duró tanto, que el duelo lo había vivido ya den-tro de la relación. Sin embargo, el reacomodo y el proceso para los hijos fue retador y en momentos pesado y doloroso.

El segundo trancazo de martillo sucedió exactamente un año después, mayo 2009, cuando todo por fin parecía ir viento en popa en mi vida, con mis hijos y mi trabajo. Mi hijo menor, Andrés, quien tenía poco menos de tres años, empezó a mostrar una serie de sín-tomas que el pediatra no supo diagnosticar y terminó en terapia intensiva con una insuficiencia renal terminal que lo puso al borde de la muerte, lo mantuvo 25 días en cuidados intensivos y después más de 8 meses en diálisis, varias hospitalizaciones por peritonitis, hemodiálisis y finalmente bendito sea Dios, un trasplante renal que le salvó la vida. En ese tiempo me quedó claro que no podía darme el lujo de tirarme a la lona a sufrir, porque de mi actitud, fuerza y claridad de acción dependía en gran medida sacar adelante a Andy, pero la carga emocional fue grande y eso se manifestó después.

El tercer golpe vino apenas 5 meses después del trasplante de Andy, mayo 2010 (ya parecía la maldición de Mayo), cuando empezábamos a retomar la rutina de vida "normal" de nuevo: escuela, trabajo... Mi tía Mary fue diagnosticada con cáncer de mama. Era la segunda hermana de mi mamá con este diagnóstico, por lo que el médico nos recomendó hacer mastografía a las demás mujeres de la familia. Yo tenía 37 años en ese momento, jamás me había hecho una mastografía y no quería saber ya nada de médicos, pero lo hice por insistencia de mi madre y "por no dejar". Cuál fue mi sorpresa cuando me encontraron un tumor canceroso con alto grado de "malignidad".

Una compañera del trabajo me dijo: "¡Ay Sandy!, ¡¡¡¿¿¿pues qué tanto te falta por aprender todavía???!!!" ... ¡Uuuuufffff! ¡MUCHO! Aún faltaba un largo camino, que si lo hubiese vislumbrado creo que habría pedido bajarme del tren en ese momento, pero hoy, no lo cambiaría pues me ha traído hasta donde estoy. Sí, mi cabezota tenía aún mucho que aprender y mi corazón MUCHO que sentir.

Tuve que entrar a todo el proceso médico de cirugía (mastectomía radical bilateral), quimio, radio terapia, y un medicamento adicional (Herceptin) por un año. Los aprendizajes de estas dos experiencias fueron muchos, y ya habrá tiempo y lugar de compartirlos.

El cuarto mazazo ocurrió cuando una pareja de "buenos amigos" de la Universidad, se dio a la fuga, huyendo del país, debiéndome una fuerte cantidad de dinero que me habían pedido prestada tras la venta de una propiedad. Esta solicitud sucedió después de mi

divorcio y antes de la enfermedad de Andrés. Jorge recurrió a mí al saber que me había capitalizado con la venta de una propiedad y me pidió una fuerte suma prestada con garantía de pago en un mes. La confianza, cercanía y el cariño de años me convencieron y después la cobranza se complicó. Mi situación personal también, otros asuntos de vida o muerte reclamaron mi atención y cuando menos lo esperaba, ¡¡¡puff!!! Se esfumaron del país con mi dinero y el de otros tantos.

Me parecía realmente inverosímil que esto me pudiera estar pasando, no tenía respiro, una sobre otra cada experiencia se sumaba y llegue a tener la sensación de que esto era totalmente surreal... ¡creía que ni en el guion de una mala telenovela o "churro" de película encontraría tanto! A veces la realidad supera a la ficción, ¿verdad?.

Poco antes del trasplante de Andrés, apareció en mi vida un nuevo amor. Nuestra historia sería digna de otro libro. Solo te diré que, en su momento, restableció mi confianza en los hombres, me hizo sentir aceptada, amada, valorada, apoyada, acompañada y bella, y cuando la cosa se puso ruda con mi salud, no solo no salió corriendo, sino que se comprometió conmigo y, terminando mi tratamiento, nos casamos. Sí, ¡la vida también compensa! Pero la montaña rusa no se para y, aunque anhelemos el "Felices para siempre", en realidad, nada es para siempre...

Mi vida ha sido un clarísimo ejemplo de vivir en la montaña rusa. Alguna vez una amiga me dijo: "¡Ay Sandy!, seguramente antes de bajar a la tierra Dios te preguntó cómo querías que fuera tu vida y tú le dijiste: *Una aventura en la que nunca me aburra*". Y sí, en definitiva, y aún contra mi voluntad, así ha sido.

La cosa no termina ahí...

El quinto golpe vino cuando apenas teníamos 3 meses de casados (Mi esposo aún vivía en México y yo en Querétaro). Yo tenía los mismos 3 meses de haber terminado el tratamiento de cáncer, aún con algunos efectos secundarios, cuando nos llegó inesperadamente la noticia de que ¡estábamos embarazados! Fue una mezcla de incertidumbre, miedo, sorpresa y mucha angustia... ¿Y si esto reactiva el cáncer? ¿Y si me vuelve a dar y ahora en lugar de 2, dejo 3 huérfanos? ¿Y si tanto químico y radiación afectan al bebé? ¿Cómo voy a criar a un 3er hijo sola, si mi esposo vive en México y yo trabajo tiempo completo? ¿Empezar de nuevo con bebé a los 40? ¿Cómo vamos a mantener un cuarto hijo? (estaba también mi hijastro del primer matrimonio de mi esposo)... Finalmente, y después de unas semanas de incertidumbre, cuestionamientos, ataques de ansiedad y debates morales, médicos, financieros y logísticos, ganaron la vida y el amor. Las cosas se acomodaron para que el papá de Nicolás (mi peque) pudiera venir a vivir a Querétaro cuando nació, perfectamente sano y adorable. Un bendito regalo de luz, vida y alegría que agradezco todos los días, aunque a veces me saque canas verdes.

Durante mi embarazo, arranqué mi maestría en Desarrollo del Potencial Humano. Siempre sentí afinidad hacia el tema y, después de la enfermedad de Andy y la mía, de cuestionarme, replantearme prioridades y recibir solicitudes de mucha gente para darles consejo o apoyo en situaciones similares, sentí un claro llamado hacia poder ayudar a otros de forma más efectiva y, de alguna manera, devolver al mundo un poco de las bendiciones y apoyo recibidos durante nuestros procesos médicos. Ahí arrancaron mi nueva vocación, propósito de vida y también mi interés particular por estudiar y entender la resiliencia.

A los tres meses de Nico, mi marido perdió su trabajo corporativo y decidió emprender un negocio. Todo podía estar bajo "control" en cuanto a las finanzas, porque yo aún conservaba mi trabajo corporativo de doce años...

El sexto martillazo llegó cuando, a los siete meses de Nicolás, en Junio de 2013, después de un par de meses de haberme reincorporado tiempo completo nuevamente a mi trabajo, vino un recorte

de personal y simplemente me dieron las gracias. Jamás me habían despedido de ningún trabajo. Fue un golpe bajo que no esperaba. Aunque en el fondo de mi ser sabía que había más cosas que quería explorar en otros ámbitos laborales y ya no estaba 100% contenta, en los planes financieros a mediano plazo, ¡esto no estaba calculado! (Ten cuidado con lo que deseas porque se puede hacer realidad).

Durante un tiempo trabajé con el papá de Nicolás, que está dedicado a la capacitación para el desarrollo organizacional e íntimamente ligado con el desarrollo humano, pero mi personalidad racional y estructurada chocó fuertemente con su personalidad libre y ligera. Decidí que lo más sano era no mezclar el ámbito laboral con nuestra relación, así que renuncié (séptimo golpe auto infligido).

Entonces me refugié en apoyar a un grupo de deportistas que corrían de forma altruista para recaudar fondos y ayudar a personas con enfermedades crónicas. Me apasiona y estimula muchísimo ese tipo de trabajo y me ayuda a sentirme útil... Pero, después de un trabajo intenso y tener muy buenos resultados, también ahí me dieron las gracias (nunca entendí por qué). Este fue el octavo golpe que iba debilitando y despostillando mi coraza a pasos agigantados... Comprenderás, que dado mi tipo de personalidad y mi historia de miedo al rechazo y "controlador perfeccionismo", este segundo "despido" y tercer "fracaso laboral" en tan poco tiempo fue devastador para mi ego y mi autoestima.

Este octavo golpe me hundió en una depresión fuerte y a pesar de estar "funcional" en cuanto a labores del hogar e hijos, estuve realmente "detenida" y de cierta forma, "entumecida" sin saber qué sentir ni qué iba a hacer de mi vida, sin ser totalmente yo por poco más de 6 meses... estamos ya en 2014 y aún no llegamos al suceso que me llevó a tocar fondo como lo narré al principio de este capítulo.

Al final de ese periodo, me llegó la oferta de un trabajo de medio tiempo en el campo de la mercadotecnia y promociones, que era mi área de experiencia laboral anterior, y que nos daba la posibilidad de tener una entrada fija segura, al mismo tiempo que trabajaba desde casa y me daba oportunidad de estar con los niños. Hubiese sido estúpido e irracional rechazarlo, ¿correcto? Por supuesto que lo tomé.

Al mismo tiempo, en esta temporada de mi vida, descubrí a Danielle LaPorte, la autora de "The Desire Map" (El mapa del deseo). Esa fue una herramienta que jugó un papel crucial al empezar a entender por fin que manejarme toda mi vida desde la mente racional y relegando la parte de los sentimientos a algo que se tenía que entender y solucionar, significó haber escindido parte de mi ser. Que regirme toda la vida a partir de lo lógico y razonable me había llevado a tomar caminos que no eran necesariamente los que más me llenaban el alma y que, para poder encontrar el camino que verdaderamente me diera gozo debía detenerme, escuchar lo que mi corazón en realidad deseaba y calibrar mi brújula para aclarar el rumbo.

Encontré en la herramienta un valor enorme, que me llevó a verificar que lo que yo en verdad deseaba era trabajar con personas, ayudándolas en sus procesos de crisis, crecimiento personal y siendo útil. Sabía lo que quería y lo que tenía que hacer. Dar a conocer esta herramienta en México era la plataforma ideal para empezar a trabajar en este ámbito.

Pero estaba llena de miedos y dudas: ¿Y si no lo hago bien? ¿Y si nadie me toma en serio? ¿Con qué credenciales voy a presentarme ante la gente para ofrecer mis servicios? ¡No tengo experiencia! ¿Y si me ven como un fraude? ¡Hay mucha competencia! ¿Cómo voy a empezar una nueva carrera a los 42 años? ¿Y si no puedo vivir de esto? Y una lista de mil etcéteras. Una vez más el chango loco en mi cabeza, el "Voldemort" interno como a veces le llamo, gritaba fuerte, me llenaba de miedo, sobre analizaba y me paralizaba.

Estando en esta parálisis por análisis el noveno suceso martillador tuvo lugar en combo: Primero fui víctima de un robo de auto (fraude le llama el seguro -y por eso no nos pagó- pero fue un robo descarado, maquinado y premeditado) y, poco tiempo después, tuvimos un accidente en la carretera donde, afortunadamente, no nos pasó nada, pero nuestro carro fue pérdida total... El embate a las finanzas familiares nuevamente fue bastante fuerte.

Entre uno y otro sucesos automovilísticos llegó el décimo mazazo (te dije que mi cabeza y coraza estaban MUY duras), pero este fue el más rudo, o el "golpe de gracia" que terminó por quebrar todas mis defensas, callar a mi cerebro y dejar mi corazón al rojo vivo: Sí, ese caballero de armadura brillante que había llegado a rescatarme emocionalmente en los momentos más frágiles de salud de mi hijo y míos, ese que me había devuelto la confianza y seguridad de contar con una figura masculina confiable y que me había hecho sentir el amor incondicional, me externó que ya no quería seguir conmigo... En ese momento pude haberme cerrado aún más y reforzado todas mis creencias sobre los hombres, pero el búnker ya no estaba ahí, con tanto golpe ya había sido demolido, no tenía para dónde correr.

Mi mundo, como lo conocía, el que había logrado hábil y racionalmente mantener a flote a pesar de tantas circunstancias adversas, terminó por derrumbarse, y con él, la poca fuerza que me quedaba para resistirme al dolor de esta situación... Me sentía tal como lo describió muchas veces mi mamá: como una locomotora, que había sido eficiente, funcional y efectiva, que había ido cargándose de vagones por la vida sin detener la marcha, a tambor batiente. ¡Echen más carbón! ¡No hay que detenerse! ¡Hacer un alto, no es opción! ¡Hay que resolver esta situación! Se engancha otro vagón, ¡A resolverlo! Y luego el siguiente, y el siguiente ¡puedo jalarlos! ¡más carbón! ¡más rápido! ¡Chu, chu, chuuu! ¡Quítense que ahí les voy! ¡Ningún obstáculo me detiene! Sube la colina, baja la colina. Y de pronto... Una montaña de frente, la vía termina ahí, no hay túnel para pasar, roca, ¡golpe seco! Primero se estrella la locomotora y detrás, uno a uno, la golpean todos los vagones que venía arrastrando, con la inercia y la velocidad de 7 años sin parar... Fue ahí cuando mi corazón ya no tuvo donde protegerse y no le quedó más remedio que SENTIR el profundo dolor que esto me causaba.

La herida infantil no solo se abría hasta el tuétano, sino que supuraba TODO lo que no había permitido que saliera durante tantísimos años. Todo lo que no había permitido que mi corazón acorazado sintiera, para no derrumbarme, pero que estaba acumulado dentro, descompuesto y que ya no podía retener más tiempo ahí, de golpe brotó cual vómito del exorcista.

En un intento desesperado por detener tan intenso y profundo dolor, entenderlo desde otro lugar y encontrar la manera de ponerle fin, busqué ayuda en lugares donde antes jamás se me hubiera ocurrido. Estaba ya cansada de pensar y analizar en terapias psicológicas de corte tradicional, que me fueron funcionales, pero ya no eran lo que necesitaba... intuí que pensar y analizar era justo lo que NO debía (ni podía, además) hacer en ese momento. Recurrí entonces a un amigo que me acercó a una planta medicinal (la Ayahuasca).

La experiencia fue, por decir lo menos, MUY intensa. Y el mensaje, MUY claro y contundente: "Suelta el control (jamás lo has tenido realmente) y ¡SIENTE! Siente el descontrol, siente el miedo, el caos, la incertidumbre, siente la tristeza, la impotencia, siente el dolor... ¡Se siente del carajo! Pero hay que sentirlo para poder sanarlo y superarlo. No pienses, ¡SIENTE! Deja que fluya y pase lo que tenga que suceder. Eventualmente pasará, y ¡VAS A ESTAR BIEN!". Ese fue el mensaje que resonó una y otra vez dentro de mí toda la noche mientras mi cuerpo, literalmente, se rendía al descontrol y experimentaba sensaciones totalmente desconocidas y nada agradables para mí.

Ese era el ingrediente que tanto había estado evadiendo y que tanto necesitaba para en verdad sanar y poder abrirme a mi ser COMPLETO. Ese era el ingrediente que faltaba para cerrar el círculo de todo el aprendizaje de vida que había estado atravesando, y particularmente estos últimos años: **¡SENTIR!** Dejar de "analizar y entender" las emociones y permitirme realmente sentirlas, por más "desagradables" que me parecieran.

Así que, por primera vez en mi vida, dejé de resistirme, me rendí completamente y me di permiso de sentir, de que me doliera, de llorar, de mover las emociones y la energía que tanto estuvo estáncada dentro de mí. Fui a terapia psico-corporal para darle seguimiento a esto. Dejé que mi mente racional se mantuviera confundida y con el volumen bajito por un tiempo y que el cuerpo fuera moviendo y desbloqueando las emociones atoradas. También fui a Reiki, a alinear mis chakras, a buscar alternativas de trabajo interno que me ayudaran a encontrar un nuevo equilibrio. ¡No quería volverme a enfermar! Fueron 3 meses de intenso dolor y sufrimiento, de supurar tristeza, enojo, frustración, impotencia y miedo. Todo lo que desde la infancia y aún con los recientes 9 mazazos no había dejado fluir... ¡era mucho y ya no lo podía seguir evadiendo ni embotellando! Literalmente explotó la olla exprés.

En este momento tan vulnerable de mi vida, rota, donde mi mente no lograba atar cabos ni entender por qué o para qué me pasaba todo lo que me pasaba, pedí ayuda y claridad; y yo, que toda mi vida viví aferrada a la mente racional, realista y concreta, durante una "sanación energética" (insisto, eché mano de cuanto pude para sanarme) tuve un momento de revelación - aclaro que no estaba bajo el influjo de ninguna planta, eso no lo había hecho antes y no estoy segura de que lo haría de nuevo-. Literalmente tuve una experiencia que yo llamaría "mística", una epifanía en la que entendí mi misión de vida clara y contundentemente: "Estás aquí y has vivido lo que has vivido para aprender en carne propia y después poder enseñar a otros a hacer ALQUIMIA con el corazón ayudándolos a transformar sus adversidades en oro de crecimiento personal y espiritual". Así, con esas palabras, escuché el mensaje que hoy me tiene escribiendo este libro.

Sí, Yo, "La subcomandante Mora", la lógica, racional y cerrada, depuse por fin las armas y me quité el pasamontañas para lograr escuchar a mi intuición, mi sabiduría interna, conectada con algo más grande que yo y que me habló muy fuerte y claro.

¡Eureka! Al fin lo comprendí. Mi aprendizaje de vida ha sido abrir el corazón y aprender a ser resiliente, lo segundo lo aprendí rápido, pues a pesar de los embates, salía airosa una y otra vez, pero como me resistí tanto a lo primero, la vida se encargó de mandarme cuantas lecciones fueron necesarias hasta entender (con todo mi ser, y no solo con el cerebro), que sin abrir el corazón y ser vulnerable no estaba el círculo completo. Fue hasta que logré aprenderlo en carne propia, que estuve lista para poder compartirlo.

No importó qué tanto hubiera investigado y aprendido sobre la resiliencia, el ingrediente más importante (SENTIR) tenía que quedarme bien claro antes de estar verdaderamente lista para facilitar a otros su propio camino.

Durante esa epifanía, tuve claridad cristalina de los 5 ingredientes para lograr hacer esa alquimia emocional. Compartirlos y explicarlos, para que tú puedas conocerlos y aplicarlos, es la razón de ser de este libro.

La fórmula para lograr transformar tu adversidad en oro para tu crecimiento es:

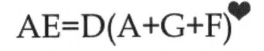

$$AE=D(A+G+F)^{\heartsuit}$$

Hacer Alquimia Emocional es igual a vivir tu circunstancia con:

DECISIÓN, multiplicada por **ACEPTACIÓN** + **GRATITUD** + **FE**, todo elevado a la potencia del **AMOR**.

¿Suena demasiado simple? Lo es, siempre y cuando agregues todos los ingredientes y estés dispuesto a hacer el trabajo y mantenerte consciente constantemente del rol que TÚ juegas en todo esto. Que sea simple, no quiere decir que vaya a ser siempre fácil, pero es posible y vale la pena.

Hay algunas herramientas o ingredientes adicionales, de los que también hablaremos, que te ayudarán a sobrellevar el proceso y llegar a buen puerto, ese que te pondrá en un mejor lugar que en el que estabas antes de enfrentarte a la dificultad.

¡Ah! Y por si te preguntabas qué pasó con mi vida de pareja después de ese décimo mazazo: Decidió quedarse y por casi 4 años más nos mantuvimos juntos, construyendo, con mucha dedicación, una hermosa familia compuesta. Pero finalmente y por múltiples circunstancias, los caminos se separaron recientemente y te puedo decir, que este triste suceso me demuestra una vez más que nada en el mundo material se puede controlar y que el cambio es lo único seguro. Pero me ha servido también para que yo ponga a prueba y en práctica personalmente estas herramientas que te comparto. Por eso sé que funcionan.

Ahora sí, ¿Listo para aprender a hacer ALQUIMIA EMOCIONAL y cambiar tu visión de la vida? En sus marcas, listos...¡Vamos!

FÓRMULA PARA LA ALQUIMIA EMOCIONAL
(LA RECETA PARA LA COMPOSTA)

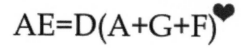

$$AE=D(A+G+F)^{\heartsuit}$$

Alquimia Emocional

CAPÍTULO 3

INGREDIENTE #1: DECISIÓN

$$AE = \mathbf{D}(A+G+F)$$

Para poder empezar a poner en práctica el tipo de resiliencia a la que nos referiremos en este libro, la que te hace crecer ante la adversidad y ser mejor que antes, y a la que llamaremos constantemente ALQUIMIA EMOCIONAL, es indispensable, antes que nada, cumplir con un requisito básico sin el cual será imposible que puedas desarrollar esta capacidad:

DECISIÓN: Esto es, querer hacerlo.

Pareciera evidente que para poder hacer algo, lo primero es decidir hacerlo, ¿cierto? Sin embargo, ¿cuántas veces decimos que vamos a hacer cosas que, en el fondo, no estamos convencidos de querer hacer? Cuando esto pasa, NADA pasa.

Y muchas veces esto pasa, o nada pasa, porque algo inconsciente nos bloquea y nos impide tomar la decisión... este bloqueo tiene que romperse, ¿cómo? Podría decirte que yendo a terapia o con un chamán, quizá te pueda servir algo así. Las ayudas externas claro que pueden ser bienvenidas para acompañar tu camino y darte contención. Pero en realidad la buena (o mala) noticia es: Quien tiene el poder de hacerlo eres solo tú. No hay receta secreta, uno decide simplemente así, decidiendo y luego tomando a las dudas, miedos y resistencias de la mano para dar el primer paso con, y a pesar de ellas.

A esta decisión que aquí me refiero, es a una determinación clara y contundente. A estar convencido, tener la firme certeza de hacerlo porque sabes que te traerá grandes beneficios. Ese tipo de decisión es de quien sabe que quizá no será fácil, o habrá que trabajar duro para alcanzar el objetivo, pero sabe el valor y recompensa que todo ese esfuerzo traerá y lo valora por encima de cualquier pretexto.

Hay "magia" en tomar decisiones. Cuando tomas una decisión firme y das el primer paso, el Universo lo da contigo. No es solo decidirlo, sino ELEGIR HACERLO.

Si no estás conforme con algún aspecto de tu vida. Si estás lleno de dudas y miedos. Si la queja cotidiana se ha vuelto tu compañera inseparable. Si quisieras que las cosas cambien para poder sentirte mejor, déjame decirte algo: ¡ES POSIBLE! Lo único que necesitas es decisión y determinación para hacer cosas diferentes. Solo así podrás obtener resultados diferentes. El hecho en sí no es el problema. Una vez que tomas la decisión y das el primer paso, las cosas generalmente se van alineando poco a poco. **Decidir es un antídoto para el miedo y la parálisis**.

La zona de confort es donde te estacionas a vivir de forma automática, rutinaria, inconsciente... Para crecer, desarrollar tus potencialidades y ser tan feliz como tú puedes serlo, necesitas forzosamente salir de ahí y ponerte un poco incómodo.

La "Crisis" verdadera se da entre tu expectativa de cómo deberían ser las cosas y cómo en realidad son. La disrupción significa que algún paradigma antes intacto es cuestionado y debe cambiar, que hay una nueva pieza del rompecabezas de la vida que potencialmente puede sumar a tu visión del mundo, pero que para acomodarla, tienes que desarmar lo que ya existía. Esto puede resultar positivo o negativo de acuerdo a tu percepción.

Nada ni nadie tiene el poder mágico de cambiar tus circunstancias o darte una fórmula milagrosa para que todo mejore sin un mínimo esfuerzo de tu parte.

TÚ TIENES QUE HACER EL TRABAJO. Tú tienes que tener la disciplina, constancia y perseverancia para lograr lo que deseas. Nadie más te lo va a dar. Así que: ¡Ponte incómodo! o ¿Vas a seguir esperando?

Te sorprenderías de la cantidad de personas que, de dientes para afuera, dicen que están inconformes con su situación y quieren cambiar, mejorar, aprender, y sin embargo no están dispuestas a invertir el tiempo, la energía ni el esfuerzo que eso implica. No están dispuestas a soltar viejos hábitos o romper paradigmas oxidados que no les están permitiendo avanzar. No se atreven a salir de una "zona de confort" que en realidad ya no les resulta nada confortable. A veces por desidia o costumbre, a veces por ignorancia o por miedo y otras, muy a menudo, por las "ganancias secundarias" que obtienen de permanecer en ese lugar de víctimas: lástima, compasión, ayuda, cero exigencia, una identidad. ¡¡¡Mucho cuidado con eso!!!

Tú no tienes por qué ser víctima de las circunstancias, a menos que decidas serlo.

Sí, así de fuerte como suena. Tú siempre tendrás la alternativa de elegir el papel que quieres jugar. Tienes la opción de dejar el rol pasivo que te deja "sin salida", o de hacerte responsable, tomar coraje, valor y enfrentar el miedo para tomar acción y salir del bache.

Los pensamientos que decidas elegir, son lo que determinará la experiencia que vas a vivir: ¿Cierras tu corazón y eliges el miedo y el cinismo?, ¿o eliges el amor de cualquier manera? Esta elección es la práctica espiritual más importante que puedes hacer todos los días, pues requiere de un alto nivel de consciencia y de amor por la vida.

¡El fin último es sentirte bien! Y generar ese estado depende realmente de ti y de tus decisiones, de nadie más.

Cuando tienes claro y calibrado tu GPS interno y sabes cómo te quieres sentir, la elección del camino es mucho más simple.

Si no tomas la decisión y te mueves, no sanas. Entonces te quedas en enojo, frustración y miedo. Es por estas actitudes de parálisis que encontramos hoy en día una pandemia de depresión y violencia. La gente lastimada, lastima. La gente frustrada, no tolera que los demás no lo estén. Decídete a sanar tú, para poder contribuir a sanar al mundo.

Tienes que asumirte radicalmente como el único RESPONSABLE de dar este paso, de decidir no solo con la cabeza y el corazón, sino con acciones. Hay que hacer la chamba, ahí no hay vuelta de hoja... vale muchísimo la pena.

Más adelante (en el capítulo 4) platicaremos a mayor profundidad sobre este concepto de RESPONSABILIDAD RADICAL. Valga por el momento simplemente que te hagas consciente de que NADIE más puede tomar la decisión por ti. Sin este primer ingrediente, la ecuación no puede empezar y la alquimia definitivamente, no será posible.

Si decides no salir del rol pasivo de víctima de las circunstancias, puedes dejar de leer este libro, porque nada de lo que dice más adelante te servirá.

Para poder hacer ALQUIMIA EMOCIONAL, tienes que querer hacerla.

Cuando mi hijo Andrés enfermó, primero al borde de la muerte y luego durante 10 meses con hospitalizaciones e intervenciones frecuentes, yo tomé la decisión, en un instante en las primeras horas, de no tirarme a la lona. Decidí que tenía que ser la mejor versión de mamá de la que fuera yo capaz y hacerle el proceso lo más ligero y llevadero posible a él. Decidí mostrárselo como una aventura, buscar los momentos divertidos y chuscos, pasarla lo mejor posible aún en esas circunstancias, procurar que tuviera recuerdos también gratos de esos momentos tan naturalmente estresantes y dolorosos. Decidí que pondría todas mis herramientas y energía al servicio de la recuperación de su salud.

Un año después, el día que me diagnosticaron cáncer de mama, decidí que no me iba a morir de eso. Decidí abrirme a todo el aprendizaje que esta nueva experiencia me traería, decidí que no me iba a tirar al drama y decidí que sería guerrera, no víctima.

Y esas decisiones hicieron TODA la diferencia.

¿Pudo haber no resultado bien cualquiera de los dos casos? Sí, pero de haber sido así, creo que me habría quedado tranquila por haber decidido y accionado desde mi corazón y haber hecho todo lo que yo tenía que hacer.

Así que DECIDE por ti, por el amor, por la vida, por el avance y el crecimiento. Decide abrirte y expandirte, decide tomar a tu miedo de la mano y decirle: ¡vamos juntos!. En la medida que avances, el miedo se irá cansando y quedando atrás, te lo prometo.

Te invito a que hoy decidas por ti, por tu más alto bien...

Da el primer paso con total DECISIÓN.

Alquimia Emocional

CAPÍTULO 4

INGREDIENTE #2: ACEPTACIÓN

$$AE=D(A+G+F)^{♥}$$

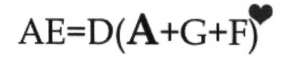

*"La transformación empieza con la aceptación
radical de lo que es."*
-Danielle LaPorte

La única forma de cambiar tu realidad es aceptándola. No importa cuán controlador seas o cuánto desearías que las cosas fueran diferentes... Es lo que es. ¡Acéptalo!

Cuando en verdad aceptas lo que es y el pasado que te puso aquí, sueltas el rencor, odio y resentimiento... Cuando aceptas lo que es y el futuro que puede llegar a suceder, sin expectativas y sin miedo, surgen la valentía y la resiliencia.

Aceptar lo que es, es dejar de pelear con la realidad, es asumir la verdad del hecho que sucede o sucedió. Cuando te resistes quedas atrapado, cuando aceptas, eres libre ("la verdad nos hará libres", reza la sabia frase).

Para aceptar tu situación, se requiere ser valiente y aceptar tu vulnerabilidad. Ser auténtico y honesto, sobreponerte a la vergüenza de mostrarte y ser visto tal y como eres, con incertidumbres, dolores y miedos, ser aceptado por ti mismo y luego por los demás.

El proceso de aceptación puede ser más o menos largo y complicado, dependiendo de la circunstancia que te está confrontando y de tu situación emocional cuando esto sucede. Consta de varios sub-procesos y a veces requiere del acompañamiento terapéutico de algún especialista. Es importantísimo que logres llegar a la aceptación, pues sin ella tu adversidad no puede ser trascendida y no serás capaz de ver más que eso: adversidad, manteniéndote en una espiral de dolor permanente.

Aceptar no es lo mismo que resignarte y bajar las manos asumiendo que eres totalmente impotente. Aceptar lo que es, no quiere decir tirar la toalla y rendirse, sino tener la claridad de que no puedes negar que está ocurriendo lo que te está ocurriendo y es así. Duele, sin duda, pero cerrar los ojos y negar la realidad, no va a hacer que esta desaparezca.

> *"Aceptemos lo que debe ser aceptado, sin permitir que la aceptación justifique la inacción".*
> – Joseph Campbell.

Acepta el hecho y el dolor que te causa. Llora lo que tengas que llorar para dar espacio a lo que sigue. Lo sé, es más fácil decirlo que hacerlo, pero se puede (lo sé por experiencia propia) y, por tu bien, debes hacerlo.

*"No es el cambio lo que produce dolor,
sino la resistencia a él."*
Budah.

Lo contrario de aceptar, es resistirte. La cantidad de energía que requieres para estar en resistencia es ENORME y no te va a llevar a ningún lado, mas que al desgaste físico y emocional. Recuerda "Lo que resistes, persiste" (Karl Jung).

Hablar de aceptación necesariamente implica hablar del proceso de duelo. Un duelo sucede cuando "perdemos" algo, puede ser un ser querido, un trabajo, una relación, una pertenencia valiosa, incluso la "zona de confort" en la que creíamos estar. El primer mecanismo de defensa natural, es aferrarnos y resistirlo. Pero debemos sobreponernos a él para poder seguir adelante.

La resistencia empieza, y a veces se estaciona, en la negación (la primera etapa del proceso de duelo). Negar la realidad de lo que está pasando, como mecanismo de afrontamiento, es altamente ineficiente, inmaduro y no te permitirá adaptarte. Muchas veces surge porque sentimos que no contamos con los recursos psicológicos o emocionales para poder afrontar la realidad... es un mecanismo de defensa que se puede entender como un gran berrinche. Y, aunque es perfectamente normal pasar por ahí en el proceso de aceptación, es importante que estés alerta para darte cuenta de cuándo simplemente no te permites salir de este primer estado.

Resistirte o negar el evento doloroso es como querer tapar el sol con un dedo, es una reacción que te pone en desventaja y te causa más dolor. Cuando te resistes estás utilizando todos tus recursos y energía en eso, en lugar de enfocarlos a buscar posibilidades y soluciones. Cuando estás en negación, tomas decisiones que pueden resultar muy malas para ti. No puedes cambiar algo que no conoces.

Si no te das permiso de ver a los ojos a tu dolor, no podrás transformarlo. Mejor te vendría rendirte a lo que es, aceptarlo y entonces redireccionar toda tu energía y esfuerzos en encontrar alternativas y oportunidades para utilizar ese dolor como combustible, transformando tu obstáculo en la catapulta que te lanzará a descubrir potencialidades y herramientas que no sabías que tenías para crecer.

Primero que nada, ¡SUELTA TUS EXPECTATIVAS RÍGIDAS! Como ya mencioné: la fuente primaria de frustración, enojo y sufrimiento es que las cosas no son como nos dijeron, nos gustaría o esperábamos que fueran. Porque el guion que el "chango loco de la cabeza" ha escrito, entra en conflicto con la realidad tal como es, y eso lo pone muy malito de sus nervios, entra en pánico, se enoja y grita muy fuerte o hace una pataleta épica. ¡Eso no te sirve! Esperar que la vida y las personas sean y hagan lo que nosotros queremos, es de una mentalidad infantil y cero realista.

"No busques que los acontecimientos ocurran como tú deseas, deja que sucedan como suceden y todo te irá bien"
-Epícteto.

Si esa "idea fija" de lo que crees (o te vendieron) que es tu rol, tu personalidad, tu valía o tu forma de ser, te está causando dolor y te tiene atorado porque ya no corresponde a tu nueva realidad, evidentemente ya NO te funciona y sería buena idea cambiarla.

A veces hay que morir a la idea de lo que fuiste para poder renacer a quien verdaderamente eres. La ACEPTACIÓN de la nueva realidad y de las decisiones que toca tomar para fluir en ella, a veces implica renuncia... Renunciar a lo que en algún momento construiste en tu mente como "el ideal", lo que te dijeron que "debías ser", lo que siempre soñaste o creíste que sucedería o lo que construiste para sobrevivir en otro momento de tu vida.

Esta crisis te está indicando que ya es hora de soltar esas máscaras, esos "estereotipos", esos escudos o esas creencias para encontrar una versión corregida y aumentada de ti. Tu verdadera esencia, tu verdadera y única chispa, la que viniste a aportar a este mundo.

Es un duelo, sí. Algo se pierde cuando ganas, pero en la balanza, vale la pena...

Esto lleva un proceso: habrá negación a esa nueva realidad o a la inminencia de cambiar y después puede haber mucho miedo, enojo y tristeza por tener que dejar "morir" esa idea vieja de ti... pero tiene que llegar la ACEPTACIÓN de la nueva situación y circunstancia de vida y las implicaciones que esta tiene, para que realmente puedas hacer uso de toda tu capacidad adaptativa, hacer ALQUIMIA EMOCIONAL y florecer.

Mientras te sigas resistiendo, vas a seguir sufriendo y desgastándote el CUÁDRUPLE. Deja de aferrarte a la única forma que tú has querido entender de ser quien eres, porque no te está ayudando... Eres MUCHO más que tus circunstancias anteriores o actuales y tus posibilidades son INFINITAS.

Toca RENDIRTE a la nueva realidad... Llegó la hora de escuchar a tu GPS interno y encontrar dentro de ti quién puedes ser para estar bien en esta nueva faceta que viene.

¡SUÉLTALO y déjalo morir!

Deja de querer ser el "molde en tu cabeza" y empieza por amarte en la realidad que te estás construyendo HOY. Haciendo lo mejor que puedes con lo que tienes y dejándote de flagelar por lo que no estás pudiendo hacer o lo que crees que estás "perdiendo" de acuerdo a tu viejo punto de vista.

Ábrete a la posibilidad de ser la contribución gozosa que en verdad eres para este mundo.

Deja morir a tu vieja personalidad para que renazcas en quien verdaderamente viniste a ser.

Desapégate de tus expectativas y permite que Dios actúe y haga su trabajo.

EL ACTO DEL MACACO EN El CIRCO.

"El hombre no está preocupado por sus problemas reales,
como por sus ansiedades imaginadas
sobre los problemas reales".
-Epícteto.

Como lo hemos platicado, ese pobre changuito se ha pasado toda tu vida "construyendo" historias de lo que es "bueno" o "malo" con base en tus experiencias y todo lo que te han inculcado y enseñado... esas historias las crea para tratar de darle orden y controlar lo que pasa afuera, para "sobrevivir". Tu personalidad la construye con base en a esas historias pretendiendo que no suceda nada que te pueda volver a lastimar o que no corresponda con lo que tú crees que "debe ser"... ¡Pobrecito! Tiene un trabajo absolutamente IMPOSIBLE...por eso vive tan estresado..

Ese chango, que es el ego de la mente, no entiende que afuera NADA se puede controlar, TODO es cambiante y lo que nos hace sufrir no es eso de afuera, sino el hecho de que nos identificamos con la crisis nerviosa que sufre el chango cuando lo de afuera no corresponde al guion que él había escrito con tanto esmero.

Cuando una de estas crisis te sucede, el chango cierra TODAS las compuertas internas para tratar de meterse en un búnker y que lo que está pasando afuera no le afecte tanto. Lo que no se da cuenta, es que la emoción inicial que ese suceso provocó y que le activó las alarmas de pánico, ¡ya está dentro de tu cuerpo! Al cerrar las compuertas del búnker, deja esa energía emocional atorada y

embotellada adentro y no la deja fluir. Esto lo hace porque esa emoción es dolorosa o incómoda, entonces no quiere sentirla... pero la ironía es que, al bloquearla dentro del cuerpo, la deja ahí latente, hiriendo tu psique, guardada en tu subconsciente y te va a estar lastimando, dando lata o enfermando permanentemente. Es tan absurdo como encerrarte con el enemigo "por seguridad". Lo sano es ¡no cerrar las compuertas! Aceptar el hecho, decirle SÍ a esa emoción (que es energía moviéndose) y permitir que fluya por todo tu cuerpo, salga, se purifique y la puedas soltar. De esta forma, no quedarás tan atado ni indefenso psicológicamente ante ese suceso traumático.

Respira, es la mejor recomendación que te puedo dar. No te apaniques y bájale 5 rayitas al volumen de los gritos de ese chango loco que vive en tu mente (todos tenemos uno).

Date cuenta: tú NO eres ese chango, él es solo un mecanismo de defensa de tu mente... TÚ eres la consciencia que se da cuenta de la existencia de ese chango, de su berrinche. Simplemente obsérvalo, da un paso atrás, déjalo que llore, no te identifiques con su berrinche y permite que las compuertas del búnker permanezcan abiertas para que la emoción atraviese y pueda salir.

Tú eres el espectador y el chango con todo su discurso es un acto de circo montado por el ego de tu mente, que le teme a la vida y a la incomodidad que ciertos sucesos de fuera le provocan. ¡No te metas a la pista ni te identifiques con el macaco! No le compres el boleto de que él y tú son uno solo. Si de repente te encuentras en medio de la pista a su lado brincando y gritando como si fueras él mismo: respira, regresa a tu lugar de espectador, míralo desde la grada de tu consciencia, sin juzgarlo, simplemente míralo, respira y suelta.

Una característica importantísima del Alquimista Emocional (o una persona con alta resiliencia), es que permanece conscientemente abierto a la experiencia y a todo lo que la misma puede traer consigo. Ábrete a la posibilidad de que puede haber aspectos positivos en esta situación que en este momento quizá no alcanzas a vislumbrar.

Situaciones inesperadas también traen siempre beneficios inesperados. Pero para poder encontrar y aprovechar estos últimos, hay que aceptar siempre a las primeras tal y como son. Sí, tu adversidad puede ser un gran regalo, pero de eso hablaremos en el Ingrediente #2.

Fritz Kunkel, psiquiatra y psicólogo de la primera mitad del siglo XX, dijo que "Ser maduro significa encarar, no evadir, cada nueva crisis que viene". Los Alquimistas Emocionales, son personas con una perspectiva madura y responsable de la vida. Tú puedes serlo.

Michael Singer, escritor y maestro espiritual, menciona en su libro "La liberación del alma", que la aceptación es el camino de la liberación, la felicidad y la iluminación. Cada evento que nos incomoda, es una invitación de la vida a volvernos cada vez más conscientes. La resistencia y negación generan estrés, dolor, sufrimiento, burn out...

Cada adversidad, si se afronta con la fórmula de la "Alquimia Emocional" nos acerca más al camino espiritual de la iluminación y la felicidad incondicional.

Las situaciones incómodas y que ponen nervioso al chango de la cabeza, simplemente nos muestran dónde están nuestras propias barreras defensivas que no nos están dejando expandirnos. Tomar consciencia de ellas y derribarlas, nos llevará forzosamente a otro nivel de consciencia, de evolución y de plenitud.

Ekhart Tolle, escritor y maestro espiritual, lo explica maravillosamente: "Para poder romper el ciclo de sufrimiento, hay que ACEPTAR las cosas como son ahora, en este momento, observándonos y haciendo consciencia de lo que estamos sintiendo y pensando. Cuando podemos realmente ser los observadores de eso que sucede dentro de nosotros, logramos romper la identificación

del ego con el dolor y es así como transmutamos el dolor en consciencia". Transmutar el dolor en consciencia: ESO es hacer Alquimia Emocional.

EL PROCESO DEL DUELO.

Ahora bien, aceptar cualquier situación dolorosa, pérdida, crisis, conflicto o cualquier hecho que se sale de nuestro control, como algo inevitable y contundente, por más que sea el camino correcto, es generalmente muy duro y, como ya lo mencionamos, conlleva un proceso de duelo.

Recordemos, el duelo es una reacción emocional natural ante una pérdida que causa un dolor profundo, nos pone en una situación vulnerable y nos acerca a nuestra propia fragilidad, miedo y finitud.

El duelo nos invita a ir hacia adentro y cuestionarnos otros aspectos de nuestra vida, a valorar lo que hay, a re-evaluar las prioridades y a hacer cambios. Su duración suele ser proporcional al tamaño y significado subjetivo de la pérdida.

Pero mientras más rápido puedas, de forma consciente, transitar ese duelo para llegar a la aceptación, evitarás más daño, serás capaz de ver las nuevas alternativas y podrás avanzar hacia un mejor lugar mucho más pronto. Estarás en posibilidades de hacer Alquimia Emocional.

El proceso de duelo tiene 5 etapas básicas descritas por Elizabeth Kübler Ross, autora, psiquiatra y precursora de la tanatología:

La negación– Donde hay sorpresa, shock, miedo y resistencia ante lo que sucede.

La Ira– Donde, una vez sobrepasado el shock del momento, surge miedo y enojo, indignación, sensación de injusticia, resentimiento o deseo de venganza.

La Negociación– Donde nos llenamos de incertidumbre por lo que vendrá después y desconsuelo por lo perdido. Entonces empezamos a regatear, con Dios o con otras personas, tratando de que el dolor aminore o el hecho desaparezca.

La Depresión– Donde nos damos cuenta de lo inevitable de la situación y nos invade la tristeza, la nostalgia, la frustración, la impotencia y a veces no encontramos fuerza para actuar.

La Aceptación– Cuando finalmente nos damos cuenta de que tenemos que seguir adelante con las nuevas circunstancias y aceptamos el nuevo estado de cosas. Somos capaces de avanzar y ser funcionales sin sentir un dolor tan profundo.

TODOS, en cualquier situación adversa, atravesamos este proceso. Dependiendo de la situación y de la personalidad de cada quién y su visión de la vida, este proceso será más o menos rápido (desde minutos hasta años), más o menos doloroso y su resultado será más o menos funcional.

En ningún momento pretendo implicar que al resolver un duelo todo vuelve a la "normalidad", y ya jamás se siente tristeza, nostalgia o dolor... ¡por supuesto que no!, evidentemente somos humanos y eso no es posible. Hacer Alquimia Emocional no significa olvidar o dejar de sentir, sino lograr que ese sentimiento no nos mantenga en sufrimiento y poder hacer de él aprendizaje y crecimiento. Significa **poder vivir de forma funcional y plena aún a pesar de la pérdida**. Las cosas no serán como antes, serán diferentes, pero tú sí puedes convertirte en una mejor persona si así lo decides.

El duelo es un proceso de CONCIENCIA y VOLUNTAD, para reencontrarnos en nuestra nueva realidad, darnos cuenta de que estamos viviendo un proceso de transformación y decidir salir adelante. Sin conciencia y voluntad, que es la **decisión** de la que hablamos como primer ingrediente para la alquimia, el proceso de duelo no puede avanzar ni tener resolución.

El proceso de duelo no necesariamente se da de forma lineal. A veces las etapas van y vienen, en desorden, a veces suceden en paralelo. Está bien, es parte natural de el mismo proceso, date cuenta y date permiso.

Cuando la pérdida es muy grande, el proceso de duelo puede tomar hasta más de un año y aún considerarse "normal" desde el punto de vista psicológico, pero hay quienes se quedan en un proceso de duelo crónico y se atoran en alguna de las etapas. La negación es una forma muy eficiente de quedarte donde estás e incluso irte en espiral descendente hasta tocar fondo y quedarte ahí. La depresión también te mantiene paralizado, el enojo crónico te enferma y la tristeza te impide buscar salidas. Quienes se quedan atorados en el proceso de duelo, no cuentan aún con la capacidad de resiliencia necesaria para sobreponerse a la crisis. Aún no han aprendido el proceso de la Alquimia Emocional, pero pueden pedir ayuda y aprenderlo. Si te encuentras en esta situación de no haber podido aún procesar tu duelo, pide ayuda profesional. Para ello hay especialistas, tanatólogos, psicólogos y terapeutas que tienen herramientas para ayudarte a salir adelante, encontrar la luz y aceptar. Solo entonces estarás en posibilidad de dar el siguiente paso hacia la alquimia.

SENTIR.

Para que se dé la aceptación completa y la transformación sea posible, hay que aceptar los hechos no solo con la razón, sino con el CORAZÓN.

Sentir lo que toca sentir es parte de la aceptación. Permite que las grietas terminen de abrir tu pecho para que el corazón, al aire libre, sienta, sienta, sienta...

"Cualquier sentimiento que experimentamos tiene algo que enseñarnos de nosotros mismos y es una oportunidad para sanar a un nivel más profundo. Así que ¡no reprimas tus sentimientos! No los adormezcas ni pretendas controlarlos. Permítete sentirlo todo. No te juzgues. Sé compasivo contigo mismo por el imperfecto (y sin embargo perfecto) viaje en el que estás. Te está llevando a un lugar maravilloso, ¡a tu más grande transformación! Y siempre recuerda: Tienes que sentirlo para poder sanarlo, no hay atajos."
- Dina Strada.

Mientras sigamos resistiendo y reprimiendo, mostrando falsa fortaleza y racionalidad, y no aprendamos a aceptar lo que es y a dejar fluir lo que sentimos, permaneceremos "atorados" sin poder aprender y crecer, y la vida seguirá buscando formas de hacerte integrar el aprendizaje de una forma u otra.

Es tan inconsciente el que controla sus emociones, como el que reacciona dejándose llevar por ellas. Conócelas, siéntelas, obsérvalas y aprende lo que te están enseñando de ti mismo. Detrás de cada sentimiento, hay un deseo profundo de tu alma.

Los sentimientos y emociones no son algo para ser entendido con la razón y resuelto como si fueran un problema. Los sentimientos hay que sentirlos, vivirlos, experimentarlos y dejarlos fluir. **Entender algo no genera ningún cambio de conducta, lo tienes que sentir para que te pueda transformar**, recuerda que no eres tú, es una emoción que pasa a través tuyo, que experimentas pero que no te define ni a ti, ni a tu vida completa.

Parte vital de lo que he aprendido en mi camino hacia la Alquimia y la resiliencia, es que evitar alguno de los pasos en este proceso de duelo consciente o inconscientemente, no es nada sano. Aunque pudiera ser funcional en un momento dado el hecho de "controlar" o reprimir una emoción para resolver algo urgente, es importante buscar después el tiempo y el espacio para permitir que todas las partes del proceso fluyan y se cierre el círculo. Cuando no lo haces, enfermas.

Además, la Alquimia o transmutación emocional es justamente transformar esas emociones aflictivas y dolorosas en combustible y crecimiento, si no las aceptas y las sientes completamente, no estás permitiendo que la transformación real se dé. Es como si quisieras refinar gasolina sin aceptar que el petróleo es materia prima para hacerlo.

A VECES DUELE SOLTAR

A veces duele soltar...
Porque implica soltar sueños, ilusiones y expectativas.
A veces soltar duele...
Porque la respiración se corta, como se corta también la historia construida...
A veces duele soltar...
Porque el corazón se rompe, como se rompe la continuidad de un proyecto que creíamos infalible.
A veces soltar duele...
Porque la tolerancia disminuye mientras la distancia aumenta.
A veces duele soltar...
Porque la soledad golpea cual bola de acero demoliendo construcciones.
A veces soltar duele...
Porque el tiempo y energía invertidos se evaporan cual gotas al sol.
A veces duele soltar...
Porque nos confronta con el espejo de nuestras propias carencias.
A veces soltar duele...

Porque la sensación de desamparo nos deja a la deriva como náufrago en altamar.

A veces duele soltar...

Porque la tristeza nos cae encima y pareciera imposible de superar.

A veces soltar duele...

Porque el miedo a lo desconocido paraliza y congela nuestra capacidad de actuar.

A veces duele soltar...

Porque sentimos que nuestra identidad se pierde o nuestras lealtades se traicionan.

A veces soltar duele...

Porque nos aferramos a lo que ya no es y resistimos el nuevo momento que ya está aquí, y eso nos lastima más que la pérdida misma.

A veces duele soltar...

Porque implica dejar morir a quien fuimos para renacer en terreno desconocido.

Pero cuando mente, corazón y cuerpo deciden finalmente soltar, el alma se vuelve ligera, la luz entra por las grietas, la gratitud se hace presente y la fe en lo que se está gestando nos llena de esperanza...

Es solo cuando nos damos permiso de soltar, que la magia de la Alquimia nos transforma en un mejor ser humano y el propósito de nuestra evolución se cumple.

A veces soltar duele...

Pero hasta que lo hagas, descubrirás tus alas.

Suelta y acepta. Ya es momento, la vida te está esperando con los brazos abiertos.

-Sandy *Mora.*

Si no lo sientes, no lo sanas, no lo trasciendes y no aprendes.

Si la experiencia no te cimbra, el aprendizaje no se va a dar y entonces la vida buscará otras formas de cimbrarte **más fuerte** para que aprendas lo que te toca aprender en esta visita a la tierra.

"Solo sanamos un dolor cuando lo padecemos plenamente".
Marcel Proust.

Cuando no me di permiso de sentir:

Cuando Andrés, uno de mis hijos, cayó enfermo en terapia intensiva con ambos riñones inservibles, mi primera reacción fue de mucho miedo y de inmediato pasé al enojo con el médico pediatra de cabecera que no había sabido hacer un buen diagnóstico a tiempo. La negociación y el desconsuelo me invadieron unas horas después cuando el cuadro que me pintaron los médicos fue totalmente desolador y sin mucha esperanza. Le pedí a Dios que lo sanara y me enfermara a mí (cosa que de alguna forma inconsciente provoqué que sucediera después). Yo creo que si lloré quince minutos fue mucho pues, casi de inmediato alguien sugirió que quizá sería buena idea "darle permiso" de irse... En ese instante algo en mí se activó y una fuerte convicción me invadió. Quizá regresé por un segundo a la negación y el enojo o pasaron las tres primeras fases simultáneas y revueltas en muy poco tiempo, pero de inmediato decidí aceptar... ¡NO el dejarlo ir! porque tirar la toalla no era una opción válida para mí, sino simplemente aceptar el hecho de que la situación era muy difícil y delicada, que su vida estaba en peligro, que el camino iba a ser complejo, largo, no había garantías de nada y que habría que ir viviendo día a día los sucesos y solucionando lo que se fuera presentando, pero que iba a hacer TODO lo que estuviera en mis manos para que se recuperara. Lo que no me permití, conscientemente, fue caer en depresión y tristeza, pues en ese momento lo vi como una debilidad de la que no me podía dar el lujo. Si yo me tiraba a la lona a llorar mis penas, ¿quién iba a sacar todo lo que había que sacar adelante? Así que me brinqué ese paso (me lo tragué, lo escondí en un rincón de mi ser donde no me estorbara) y puse toda mi energía y mi foco en Andy y mantener un buen ánimo para él. Me venía constantemente a la cabeza la película de "La vida es Bella" y estaba muy consciente de que lo que viera Andy en mi ánimo y mi actitud lo ayudaría o no a sobrellevar el proceso de una forma más o menos traumática y con más o menos miedo de su parte. Quería hacerle y hacerme el camino lo menos denso posible con la poca influencia que yo pudiera tener en la situación de salud de mi hijo.

Utilicé varios recursos para mantener mi espíritu arriba: escribía diariamente un blog, tomaba clases de salsa una vez a la semana en un horario en el que no podía estar con Andy en Terapia Intensiva, para mover el cuerpo, sacar energía, distraerme y divertirme un poco, iba de vez en cuando a mi terapia (de corte psicoanalítico), pero nunca cruzó por mi cabeza la opción de buscar la tristeza escondida y permitirme sentirla y procesarla en ese momento... Además, yo era una mujer fuerte, capaz, inteligente, valiente y con el corazón bien resguardado en un búnker, ¿recuerdas?...

Bueno, esta postura me fue funcional, sin duda por un tiempo, pero tarde o temprano el sentimiento de tristeza tenía que salir por algún lado. En mi caso, lo somaticé. ¿cómo? En un cáncer de mama.

En lugar de buscarme el espacio para sentir y dejar fluir el dolor, la profunda tristeza, el enojo y la impotencia de manera sana para que esa energía se pudiera transformar en combustible positivo, me dio miedo que fuera tan profunda que no tuviera la capacidad de recuperarme y mejor la escondí tan bien, que ahí adentro, se descompuso y se transformó en enfermedad.

Hay que reconocer la herida para poder sanar. Como cuando te cortas: Si no haces caso a lo que te pasó e ignoras el dolor o lo

distraes con otra cosa, y por miedo al ardor no te lavas, desinfectas y atiendes ¿qué crees que va a pasar? La herida muy probablemente se infecte, y lo que pudo ser algo pequeño, podría convertirse en un problema que pase de supurar pus a poner en riesgo una parte de tu cuerpo, o incluso tu vida. Lo mismo pasa con el sentimiento no expresado y el duelo no resuelto.

A lo que voy con todo esto, es que ser resiliente no significa ser Iron Man y no sentir tristeza o enojo, no significa que te brinques el proceso de duelo ¡Al contrario! Un verdadero Alquimista de emociones lo primero que debe saber es que está bien permitirse SENTIR y ser vulnerable. **A veces es necesario y sano dejar de pensar tanto y empezar a sentir más. ¡AUNQUE DUELA!**

Eres un ser humano, estás vivo, claro que duele y claro que lo sientes. ¡Eso es bueno! Ese dolor está ahí para dejarte ver dónde tienes que trabajar en ti. Además, para eso estamos en este mundo, para poder experimentar TODA la gama de emociones humanas y enriquecernos de ellas. Así que si, hay que darse el tiempo y espacio necesario para procesar los sentimientos y emociones aflictivas que se presentan ante una situación adversa o dolorosa.

El siguiente extracto de un texto que la autora Elizabeth Gilbert escribió en su página de Facebook el 6 de Junio de 2018, a seis meses de la muerte de su pareja, me parece sumamente poderoso en este sentido. Porque todo duelo, sea de muerte o de otro tipo de pérdida, es doloroso y toca estar dispuesto a rendirse al proceso:

... ¿Cómo sobrevives al tsunami del duelo?

Estando dispuesto a experimentarlo, sin resistencia. Estando dispuesto a sentirlo todo. Estando dispuesto a aceptar lo inaceptable.

La conversación del duelo es, entonces, una de oración y respuesta.

El duelo me dice: "Nunca volverás a amar a nadie de la forma que amaste a Rayya"

Y yo respondo: "Estoy dispuesta a que eso sea verdad."

El duelo me dice: "Se ha ido y nunca regresará"

Yo respondo: Estoy dispuesta a que eso sea verdad."

El duelo me dice: "Nunca la volverás a ver atravesar la puerta."

Yo respondo: "Estoy dispuesta."

El duelo me dice: "Nunca tendrás acceso a su sabiduría de nuevo."

Yo respondo: "Estoy dispuesta."

El duelo me dice: "No volverás a escuchar esa risa de nuevo."

Yo respondo: "Estoy dispuesta."

El duelo me dice: "Nunca volverás a oler su piel."

Yo me pongo de rodillas en el puto piso y -a través de mis lágrimas- digo "ESTOY DISPUESTA."

Estoy empezando a entender que el duelo no es lo mismo que deprimirse. La depresión está indispuesta. El duelo es un MOVI-MIENTO – catastrófico y poderoso- que tú PERMITES que te meza y te revuelque. La depresión es negarte a sentir. La depresión es negarte a moverte, o que te muevan. La depresión es resistencia, y la resistencia es fútil.

No estoy deprimida. Estoy DESTRUIDA, pero no estoy deprimida – pero eso es solo porque estoy dispuesta a estar destruida.

Voy a sobrevivir, porque estoy DISPUESTA. Estoy dispuesta a tomar esta vida en los términos de Dios, no los míos.

Los términos del amor, no los míos.

Los términos del duelo, no los míos.

Estoy dispuesta a rendirme a la realidad de que jamás entenderé nada de esto. Estoy incluso dispuesta a aceptar que quizá pueda o no sanar totalmente de la pérdida de Rayya.

El duelo dice: "Quizá nunca te recuperes de esto."

Y yo digo: "Estoy dispuesta".

Esta es la labor de los vivos – estar dispuestos a inclinarnos ante TODO lo que es más grande que nosotros. Y prácticamente todo en este mundo es más grande que tú. Permite que tu disposición sea lo más grande de ti."

***

De nuevo insisto: se vale llorar, patalear, golpear almohadas, gritar... lo que necesites siempre y cuando no hieras a otros. Lo que no se vale, más que nada porque no es funcional y puede resultar dañino para ti y quien te rodea, es permanecer en ese estado de depresión y refugiarte en él por demasiado tiempo. Dale espacio, no permitas que se vuelva crónico o permanente. No te estaciones ahí, simplemente ábrete para dejar que te atraviese, y transforme para seguir adelante. A veces, como lo mencioné antes, quedarse en ese lugar genera **ganancias secundarias** (atención, lástima, compasión, etc.) y nuestro ego puede decidir que es cómodo estar ahí, porque no tiene que hacer el esfuerzo de cambiar y enfrentar la nueva normalidad, o se puede dar el caso de llegar a un desbalance emocional de dimensiones mayores que requiera la intervención de un especialista ¡Ojo con eso! Si es necesario, por favor pide ayuda.

Recuerda siempre: Pedir ayuda y dejar fluir y expresar vulnerablemente tu sentir no te hace débil o menos digno, ¡al contrario! te hace humano, auténtico y honesto. Como la socióloga e investigadora Breneé Brown enfatiza: "para ser valiente tienes que sobreponerte a la vergüenza de ser vulnerable".

Sentir vergüenza por reaccionar emocionalmente, sentirnos culpables por fallar, con remordimiento por haber actuado mal o resentimiento por pensar que alguien más es culpable de nuestra situación, es común también. Pero estos sentimientos son veneno puro y enemigos acérrimos de la resiliencia y la alquimia.

No es que existan sentimientos buenos o malos, TODOS tienen una razón de existir. **El enojo** sirve para poner límites, pero mal manejado, lleva a la ira y la violencia. **La tristeza** nos sirve para hacer introspección y escucharnos, pero mal manejada nos lleva a la depresión. **El miedo** nos sirve para ponernos alerta, pero mal manejado nos estresa y nos paraliza. **La culpa** y **el resentimiento** tienen una razón de ser: ¡que aprendas!, pero mal manejados, son el peor lastre que puedes cargar. Hacen que te castigues, y sufras. **Prolongar indefinidamente el flagelamiento por culpa, remordimiento o resentimiento es sufrimiento innecesario auto-infligido.**

"Sentir odio y resentimiento hacia alguien, es como tomar veneno y esperar que la otra persona sea quien muera".
-Budah.

Con la culpa y el remordimiento pasa igual, porque implican odio y resentimiento hacia uno mismo. Te sientes mal por no haber cumplido una expectativa y te llenas de sentimientos de no merecimiento y de no suficiencia que te hacen creer que mereces un castigo, así que te lo auto-impones inconscientemente en el auto-sabotaje de tu propia felicidad.

"La correcta aceptación de lo que debe ser aceptado, te permitirá iniciar lo que debe ser iniciado".
Eric Grettens.

PERCEPCIÓN.

No puedes elegir tus circunstancias, pero siempre puedes elegir lo que sientes respecto a ellas y cómo reaccionas. Es decir, siempre puedes elegir cómo percibes las cosas que te suceden y cómo actuar en consecuencia. Esto lo hemos escuchado hasta el cansancio porque es VERDAD.

> *"La vida no es solo lo que te sucede, es lo que tú haces con eso que te sucede".*
> Aldous Huxley.

Tú no controlas - por más que quieras y tu chango loco haga berrinche- lo que sucede a tu alrededor. Los accidentes pasan, las enfermedades llegan, la naturaleza actúa, las diferencias de opiniones y conflictos ocurren, las crisis financieras pegan, los errores se cometen, algunas personas mienten y lastiman... no tienes forma de evitarlo, aunque te encierres en un búnker, levantes muros o te vayas de ermitaño a la montaña y te prives de vivir una vida llena de riesgos, tú no tienes el control sobre todo lo que ocurre a tu alrededor y que tiene incidencia en ti. Además, al levantar barreras recuerda que tampoco dejarás que entren las experiencias enriquecedoras, vitales y de conexión.

¿Ya te hiciste a la idea de que no tienes el control? ¡Perfecto!, lo bueno es que no estás desvalido e impotente ante esta realidad innegable.

Al arranque del libro te comentaba cómo nuestra percepción de la vida (el lente con el que vemos nuestro entorno: Pesimista u optimista), y el guion que nuestro chango loco de la cabeza escribe, de acuerdo a nuestras creencias, experiencias y paradigmas, informan nuestro sentir y nuestro actuar ¿recuerdas?

Son esas historias que te cuentas a ti mismo cuando te suceden las cosas lo que hará toda la diferencia en cómo las vives.

La buena noticia es que tú tienes el poder de controlar eso, ¡tú puedes entrenar al chango!: Tu percepción, el cómo recibes e interpretas esos sucesos y tu actitud frente a ellos, dependen 100% de ti y puedes cambiarlos si te están haciendo miserable. **En la medida que seas capaz de cambiar tu percepción, serás capaz de hacer alquimia y ser resiliente.**

La historia que decidí contarme.

Un día, cuando estaba en pleno tratamiento de cáncer y salí a la calle así, pelona porque no me causaba mayor problema, una chiquita como de 4 años se me acercó y me preguntó directamente ante la atónita y apenada mirada de su mamá: "¿Estás enferma?"... "No" Contesté "Fíjate que al contrario, estoy pelona porque me estoy curando. La medicina que me ponen es TAN eficiente, que el que tire el pelo es síntoma de que la enfermedad también se está yendo de mi cuerpo"... abrió sus ojitos enormes, sonrió y me dijo: "Ah, ¡Qué bueno!"... Su mamá se disculpó y simplemente le sonreí y seguí mi camino.

Tu futuro no tiene por qué ser solo una consecuencia de lo que te ha pasado, es un libro en blanco, la decisión de la historia que decidas escribir ahí y cómo te quieres sentir al respecto, está 100% en tus manos. Para poder crear algo diferente y mejor en tu vida, tienes que ser capaz de poner tu sentir y tu pensar más allá de los hechos tal y como son.

El español Víctor Küppers, en su plática de TEDx, dice: "nunca, nunca, nunca, pero nunca podemos elegir lo que sucede a nuestro alrededor, pero siempre, siempre, siempre, siempre podemos elegir nuestra actitud". Él plantea que la fórmula del éxito es: (C+H) A, esto es: tu Conocimiento más tu Habilidad, multiplicados

por tu actitud. Yo le haría un pequeño cambio, yo creo que es multiplicado a la A potencia. O sea, que dependiendo de tu actitud puedes potencializar enormemente tus conocimientos y tus habilidades. Esta es la diferencia entre ir por la vida lamentándote lo que te sucede Vs. ir por la vida con curiosidad de encontrarle algún sentido a lo que te sucede y aprender de ello. Esta segunda actitud, hace que la vida se vuelva una aventura interesante y emocionante.

La Andylancia.

Cuando Andrés estuvo enfermo, hubo un punto en el que fue necesario ponerle un catéter central (a la cava y la aorta) para realizarle hemodiálisis, pues ya había padecido tres peritonitis tras infecciones por la diálisis peritoneal, y esto provocó que su peritoneo estuviera ya muy frágil. Tuvimos que recurrir a dicho tratamiento, que para un niño de 3 años es un procedimiento delicado y riesgoso. Estábamos contra tiempo para encontrar un donador y no podíamos esperar pues se podía descompensar de nutrientes muy rápidamente. Fue por eso que teníamos que trasladarnos, tres veces por semana, del Hospital en el que estábamos, a un Hospital infantil de especialidades que tuviera al personal capacitado para atender ese procedimiento en niños. Esto, por protocolo, tenía que hacerse en ambulancia.

El traslado era todo un show, pues los camilleros tenían que amarrar a Andy a la camilla desde el cuarto del hospital, hasta la sala de hemodiálisis del otro hospital. Podría haber sido un evento muy traumático, sin embargo, decidí que lo convertiríamos en una emocionante y divertida aventura. Lo bauticé "El viaje en Andylancia" y lo revestimos de la emoción de ir en nuestro propio vehículo con sirena para que nos abrieran paso pues ¡Andy iba en él!. Cuando íbamos montados en la Andylancia cantábamos y contábamos historias para hacer el viaje y la inmovilización lo más llevadera posible. Y por fortuna funcionó, pues no tuvimos dramas.

Lo mismo hice con el hecho de que Andrés tenía que estar conectado a una máquina por tres horas. Dado que llevaba una dieta hiposódica y de solo 80 ml de líquido al día, muy restrictiva e insabora todo el tiempo, el gran regalo de la hemodiálisis era que, durante ese tiempo conectado, podía comer y beber lo que quisiera, que siempre incluía papas a la francesa con salsa de tomate y cereal de chocolate con leche. Así fue como logramos hacer de cada día de hemodiálisis un día de aventura y celebración.

Todo suceso está para que aprendas. No lo rechaces ni lo juzgues. Es lo que es, fue lo que fue y será lo que será, no es ni bueno ni malo... Y, sin embargo, tú estás a cargo de darle un juicio de valor y, a raíz de ello, de cómo vives tu realidad. ¡Esa es una GRAN noticia!

En tus manos está hacer de los obstáculos y barreras que te encuentres a tu paso, las catapultas que te lleven a un nivel más alto de autoconocimiento, autoconfianza y descubrimiento de tu potencial. Todo está en cómo decides percibir la adversidad.

Actuar con madurez es hacerte responsable y tomar las riendas de tu actuar. Acepta que tu vida es resultado del cúmulo de tus decisiones y la actitud con la que las has afrontado.

Para cambiar tu percepción, toma responsabilidad radical de tu Zona de Poder. Tu verdadero poder y control están dentro de ti, en cómo ves e interpretas las cosas y lo que piensas y sientes respecto a ellas, también en lo que dices y actúas en consecuencia. **Pensar, sentir, decir y hacer son tu zona de poder y conforman tu actitud frente a la vida**.

Es esa actitud la que hace la ENORME diferencia entre ser víctima de las circunstancias o prosperar y salir adelante a pesar de ellas.

Es altamente probable, sino es que un hecho, que la causa raíz de todas tus quejas y carencias seas tú mismo. Lo que obtienes de la vida es un síntoma del verdadero problema: Tú, tu actitud frente a la vida, tus creencias limitantes, tus decisiones. Sé que suena radical y fuerte... lo es. ¿La buena noticia? Si tú eres la causa, entonces en ti -y en nadie más- está la solución. Una vez que tú cambies, todo a tu alrededor cambiará. Trabaja e invierte en ti, aprende, crece, ¡mejora! ¿Qué necesitas y puedes cambiar hoy?

> *"Cuando cambias tu forma de ver las cosas, las cosas cambian de forma".*
> - Wayne Dyer.

La pregunta lógica que surge después de aceptar esto es: Si nosotros elegimos cómo percibimos y lo que sentimos de nuestras circunstancias, ¿por qué alguien elegiría percepciones y sentímientos que no lo hacen sentir bien? Reflejo automático, reacción primitiva, condicionamiento aprendido, costumbre, inercia, falta de consciencia y falta de entrenamiento...

> *"El dolor es inevitable, el sufrimiento es opcional".*
> –Budah.

Tomar **RESPONSABILIDAD RADICAL** implica que te hagas consciente de que SIEMPRE juegas un papel protagónico en lo que sucede. Éxito o fracaso (entendidos como sobreponerte y sentirte bien o no), son resultado de tu sentir y tu actuar. Tomo la forma de explicarlo de Preston Smiles y Alexi Panos en su libro "Now or Never" pues me parece simple y clara: La situación es como es, y tú te sientes como te sientes por una de tres razones: **Lo PROVOCASTE, Lo PERMITISTE o lo estás PERPETUANDO.**

-Lo Provocaste: Tomaste malas decisiones, no te cuidaste, cometiste una acción que resultó contraproducente, lastimaste a alguien, etc;

-Lo Permitiste: fuiste permisivo, no pusiste límites, dejaste que llegara hasta aquí, te ganó el miedo o la desidia;

-Lo estás Perpetuando: No tuviste nada que ver con las circunstancias, hubo un accidente, una muerte inesperada, un recorte de personal, un desastre natural, un abuso, pero tú lo estás perpetuando al tener una visión o actitud pesimista que no te permite ver alternativas, salir, cambiar y entonces prolongas el dolor del duelo y el sufrimiento indefinidamente y lo haces crónico contándote constantemente el mismo drama.

Cuando aceptas que tú tienes responsabilidad en los hechos o en cómo los vives, el poder regresa a tus manos. Eres capaz de aceptar y de aceptarte, de perdonar y perdonarte, de cambiar y sentirte mejor. Y está solo en tu poder, nadie más puede, ni tiene la responsabilidad de hacerlo por ti.

Te invito a que estés muy alerta de las formas de auto-boicot que de forma inconsciente (y a veces consciente) ejercemos sobre nosotros mismos:

-Miedo a equivocarte y fracasar. Solo recuerda que jamás se pierde, siempre ganas algo.

-Miedo a perder lo que ya tienes. ¿Y si lo que tienes es necesariamente lo que tu alma necesita y lo que tu corazón quiere?

-Miedo a tener que esforzarte. Y entonces dudas de tus propias herramientas y potencial para lograrlo.

-Miedo a ser vulnerable y que te lastimen. Recuerda que vivir en el búnker te mantiene chiquito y privado también de lo bueno.

-Miedo a perder la identidad y personalidad. Que con tanto trabajo tu ego ha construido, y que no necesariamente te es funcional en esta nueva realidad o que ni siquiera te hacía feliz.

"La dificultad muestra lo que son los hombres. Por tanto, cuando una dificultad recae sobre ti, recuerda que Dios, como un entrenador de luchadores, te ha emparejado con alguien rudo. ¿Por qué? Para que puedas convertirte en un conquistador olímpico, pero eso no se logra sin sudar"
-Epícteto.

La vida te da lo que toleras... si tú toleras sentirte mal, ser víctima y estar pasivo ante lo que te pasa, simplemente obtendrás más de lo mismo.

"La vida y el Universo se organizan alrededor de lo que tú te preparas a recibir".
- Darren Hardy.

¿Ves por qué cambiar tu percepción es VITAL para poder tener una vida más plena y con gozo?

Para poder cambiar tu percepción, es importante que aprendas a poner las cosas en perspectiva, en contexto y les des un encuadre que te habilite la posibilidad de verle el lado positivo a la situación.

PERSPECTIVA.

Trata de ver el hecho desde distintos puntos de vista, pero también, da unos cuantos pasos hacia atrás y trata de ver la foto completa. Esto es, no solo ver el hecho aislado, sino observarlo como parte de un todo más amplio, lo que te permitirá darte cuenta de que **esto es solo un pequeño tramo de tu vida, no la define (ni a ti) en su totalidad.** Y yendo aún más allá... considera que, si la historia de este planeta se planteara en 24 horas, la humanidad tendría apenas 20 centésimas de segundo de existencia y tu vida, dentro de ese tiempo, es muchísimo más corta que el chispazo de una luciérnaga en el bosque. ESO ES PERSPECTIVA. **Lo que te está sucediendo va a pasar**.

La muerte es el mayor miedo por antonomasia y nos es común a todos los seres humanos porque estamos condenados a ella desde que nacemos y, sin embargo, es también la mayor herramienta para ponernos en perspectiva. La muerte no le quita sentido a la vida, al contrario, se lo da. Nos pone en un mismo lugar común a todos sin importar raza, credo, nacionalidad, edad o religión y el traerla a nuestra conciencia nos ayuda a priorizar. Entonces, si somos capaces de darnos cuenta de que enfrentar a la muerte y hacernos más conscientes de ella es un GRAN REGALO que da mayor sentido a la vida, ¿por qué no pensar que tu adversidad actual también lo es?

Enfrentar la adversidad es enfrentar la muerte inminente de tus expectativas, planes, la historia que te cuentas, la personalidad que te construiste...

CONTEXTO.

¿Qué otras circunstancias rodean esta situación que te ayudan a ver más claramente lo que en realidad es?. Pregúntate si dentro de 5 años tendrá la importancia que le estás asignando ahora, respira y acepta lo que sucede como una experiencia efímera que simplemente te toca atravesar en ESTE momento.

No pienses que lo que te pasa es particularmente grave o especial. Comparado con lo que les sucede a otros, visto en el contexto de la tragedia humana que viven personas en situación de pobreza extrema, enfermedad terminal, guerra, etc., quizá te des cuenta de que no hay nada personal del Universo contra ti. No es un castigo divino. A todos los seres humanos nos pasan cosas que nos cimbran y nos duelen y a nadie nos gustan, y para cada uno SU adversidad y SU dolor son igualmente válidos. Pero por favor evita exagerar, generalizar o sobredimensionar tu "tragedia" (Ojo, tampoco pretendo

minimizar tu dolor, para nada). En la mayoría de los casos, lo que te está pasando probablemente no es LO PEOR que le puede pasar a alguien, ni SIEMPRE te pasan TODAS las tragedias a ti... Es lo que es en este particular momento o fue lo que fue en el pasado, y en lo que tienes que enfocar tu energía ahora, si quieres ser capaz de hacer alquimia, es en cambiar tu diálogo interno al respecto para transformar la adversidad a tu favor.

ENCUADRE.

Bajo qué marco, o con qué lente decides ver esto que te está pasando. ¿Pesimista? ¿Optimista?. Elige la postura que te posibilite encontrar caminos, alternativas y posibilidades para lidiar con el hecho de forma constructiva y productiva, que enriquezcan tu ser y te impulsen a crecer. Es ver el vaso medio vacío o medio lleno, aunque, en lo personal, me gusta la postura de ver que el vaso en sí, es hermoso y útil para verterle lo que tú decidas.

Lo que te está pasando es lo que TÚ decides que sea...

- Una terrible tragedia.

- Un fuerte aprendizaje de vida.

- Un golpe de mala suerte.

- Una experiencia enriquecedora.

- Un castigo divino o karma.

- Una posibilidad de cambiar.

- Una aventura llena de emociones.

- Un chiste cruel de la vida.

- Un escalón en tu crecimiento y expansión.

El hecho concreto no es ni bueno, ni malo. Ni correcto, ni incorrecto. La etiqueta y el juicio de valor lo decides y se lo pones TÚ.

Hazte consciente de cómo estás calificando tu experiencia y pregúntate si ese punto de vista está siendo de ayuda y te posibilita a superar la crisis. Pregúntate ¿Qué de bueno hay en esto que no me estoy permitiendo ver, y que si lo viera sería una contribución para mi vida?

Recuerda: La interpretación y significado se lo das tú.

RESIGNIFICACIÓN.

¿Sabías que tú puedes cambiar tu pasado? Sí, contrario a lo que podrías pensar, el pasado lo puedes cambiar hoy, aquí en el presente.

Evidentemente el hecho que has venido arrastrando ya sucedió como sucedió y ESO no se puede modificar pues no tenemos una máquina del tiempo que nos devuelva físicamente a ese día y hora para cambiar las circunstancias cual película hollywoodense. Lo que SÍ puedes cambiar del pasado es la forma en la que lo miras, la historia que te cuentas, el significado que le das a ese hecho que ya sucedió.

Las heridas del pasado no se borran, se resignifican.

Tienes el maravilloso poder de cambiar el significado que tú le das a ese suceso que te lastimó para que no siga siendo un lastre que te impide moverte o te mantiene anclado a una historia y un estado de ánimo desempoderante.

Por ejemplo: El hecho objetivo es que mi padre no me buscó en mi infancia y no estuvo presente en mi vida. La historia que me conté por años era que no le interesaba, no me quería y algo estaba seguramente mal en mí por lo que él evidentemente me rechazaba. Con esa narrativa viví con una sensación de insuficiencia y no merecimiento constante y me construí la armadura a prueba de rechazos, que pesó muchísimo durante años.

Ahora, he descubierto que puedo darle a ese hecho otro significado: Mi papá tenía muchísimas carencias afectivas y dolores propios que lo hacían incapaz de amar de una forma sana estando presente. Su alejamiento fue una muestra de amor, quizá inconsciente, pues sabía que al tenerme cerca podría lastimarme mucho más.

Esta resignificación me permite ver el hecho de su ausencia desde otro lugar que me da más paz y me posibilita soltar la armadura y viajar más ligera.

Resignifica tus heridas de manera que se vuelvan fuente de poder, inspiración y crecimiento en tu vida. Te pertenecen.

Quizá tu situación pueda parecer más o menos grave a los ojos de alguien más, no importa. Si te está "moviendo el tapete", sacando de tu área de confort y confrontándote con paradigmas que te toca romper, es una situación que requiere de aprender a hacer alquimia.

No importa cuál sea tu circunstancia.

Viktor Frankl estuvo años prisionero en un campo de concentración Nazi. En lugar de pelear con esa cruda realidad, decidió encontrarle un sentido a su experiencia y, al ser liberado, escribió sobre todo lo que observó y aprendió de la naturaleza humana frente a la adversidad y creó la Logoterapia.

A Hellen Keller no la detuvo el hecho de ser ciega y sorda. Fue escritora, oradora y activista política a principios del siglo XX, abogando por el derecho al voto de las mujeres.

A Nelson Mandela, no lo llenaron de odio y deseo de venganza 27 años de injusto encarcelamiento y, tras su liberación, se convirtió en el primer presidente negro de Sudáfrica y erradicó el Apartheid.

A Jack Ma, no lo desanimaron los rechazos sistemáticos de todas las universidades y trabajos a los que aplicó durante años. Perseveró y buscó alternativas hasta fundar Alibaba, el sitio de ventas online más grande de China, lo que lo convirtió en el hombre más rico de su país.

Adriana Castro y Laura Vidales, mujeres que conozco y admiro, no dejaron que las muertes de sus respectivos hijos fueran en vano. Ambas han dedicado su vida a ayudar a niños enfermos con sus respectivas asociaciones: Asociación Ale para la donación de órganos, y "Aquí nadie se rinde A.C." para ayudar a niños con cáncer.

Steve Jobs no se dio por vencido cuando fue despedido de su propia compañía y fundó Pixar Animation para después regresar por la puerta grande a dirigir nuevamente Apple y convertirla en la marca de tecnología en sistemas de cómputo por excelencia.

Oprah Winfrey no dejó que sus circunstancias la limitaran. A pesar de haber nacido en extrema pobreza y haber sido víctima de abuso sexual por años, se convirtió en la mujer más influyente en la televisión estadounidense y hoy tiene su propia compañía de medios de comunicación.

A Malala Yousafzay no la amedrentó el haber recibido un disparo en la cabeza por orden del régimen Talibán. Continuó siendo activista por el derecho a la educación de las niñas y ganó el premio Nobel de la paz.

J.K. Rowling, a pesar de ser rechazada por decenas de editoriales y estar en quiebra, insistió hasta que logró que alguien se interesara por publicar "Harry Potter" y ahora es de las escritoras más ricas y mejor pagadas del mundo.

Nick Vujicic nació sin brazos ni piernas, y eso no ha impedido que se convierta en padre de familia, autor y conferencista motivacional reconocido a nivel mundial.

Lalo López Caturegli (a quien tuve el enorme privilegio de conocer) decidió no dejarse hundir por un diagnóstico terminal de cáncer, y dedicó los últimos tres años de su vida a ayudar a otros organizando el "Pandatón", una carrera para recaudar fondos para enfermos de cáncer, y escribiendo un blog que ha ayudado a muchísimas personas a enfrentar la enfermedad (y la adversidad en general) con buen ánimo. En sus palabras: "No se trata de alargar la vida, sino de ensancharla".

Así que si ellos, con este tamaño de adversidades, pudieron darle la vuelta, queda claro que todas las adversidades, absolutamente TODAS, tienen la posibilidad de transformarse en combustible y abono no solo para ellos sino para quienes les rodean.

Decide convertirte en alquimista.
Decide usar esa energía para propulsarte
hacia adelante, para crecer, para ayudar.

No tienes, necesariamente, que ser una figura mundial o héroe nacional, simplemente convertirte en una mejor versión de ti mismo. No se trata de ser perfecto, sino simplemente de ser mejor. Paso a paso o con saltos cuánticos, lo importante es aprovechar para tu mayor bien cualquier circunstancia que enfrentes.

Reta tu sistema de creencias respecto de cómo es la vida, qué se puede y qué no se puede hacer, qué necesitas para ser feliz, etc.

Encuentra evidencia de que tus creencias no son necesariamente correctas siempre.

Suelta el control, cuestiónate todo lo que crees que sabes y plantéate una nueva perspectiva; es tan simple como "cambiar el switch" o "darle la vuelta a la tortilla".

Decide hacerlo, siente y procesa el duelo, cambia tu percepción, hazte responsable y usa tu zona de poder.

De esto no me voy a morir.

Cuando le diagnosticaron Cáncer de mama a la segunda hermana de mi mamá (mi otra tía ya había sido diagnosticada unos años antes), y con la historia familiar de una de mis bisabuelas muriendo de lo mismo, se hizo latente la posibilidad de que hubiera un factor genético circulando en el árbol genealógico. Así que el oncólogo de mi tía Mary sugirió que todas las mujeres de la familia nos hiciéramos mastografía. Yo tenía apenas dos meses y medio de haber retomado mi vida "normal" en Querétaro después de casi diez meses en hospitales y en Ciudad de México por la enfermedad y trasplante renal de mi hijo Andrés, así que lo último que quería era saber de más médicos y análisis. Además, tenía solo 37 años y, según lo que yo sabía, no era necesaria la mastografía sino hasta los 40. Pero el mensaje fue claro, el antecedente familiar era suficiente motivo y mi mamá me insistió en que de una vez hiciera los análisis y ya pudiéramos quedarnos todas tranquilas... Así que lo hice.

Al llegar a recoger mis resultados, la radióloga me pidió que esperara un momento porque quería que la ultrasonidista viera mis placas y me checara, "solo por extremar precauciones dados los antecedentes familiares"... Desde ese momento presentí que algo no estaba bien. Después de tantos meses lidiando con médicos y enfermeras 24/7, había desarrollado ya un sexto sentido para leer su comunicación no verbal.

En efecto, cuando entré a la sala de ultrasonidos, había una placa colgada en la caja de luz y claramente vi una pequeña masa blanca concentrada sospechosamente en una parte de la imagen... "Por favor dime que esa no es mi placa..." supliqué en tono irónico a la Doctora. Me miró con un dejo de compasión y respondió "Sí, sí es". "¡Que me traigan a todos los perros del planeta tierra para que me orinen juntos de una buena vez!" Dije entre exasperada, sorprendida, incrédula, molesta y riendo (todo junto)... "De verdad esto es como un chiste cruel"...

Mientras la doctora me hacía el ultrasonido, empecé a bombardearla con una serie de preguntas que, al parecer, fueron algo técnicas y la hicieron pensar que yo tenía algún tipo de educación médica... "¿Eres médico?" me preguntó... "No, solo llevo casi un año lidiando con médicos, enfermeras y hospitales y tengo dos tías que han tenido cáncer de mama, a la segunda la acaban de operar hace apenas tres semanas, así que podría tener por lo menos un título honorífico de enfermera sin duda." La Doctora continuó: "Te ves muy tranquila para estar recibiendo este tipo de noticia." Ella ya me había comentado que mi tumor tenía un Bi-Rads nivel 5, es decir, un altísimo grado de sospecha de malignidad (era claramente cáncer). "Estoy tranquila porque sé que de esto NO me voy a morir" respondí. Su cara me dejó saber que no entendía de dónde sacaba yo esa certeza que de verdad sentía, no tenía miedo... "Si me tocara morir de cáncer de mama" expliqué, "no me habría llegado este aviso a través del cáncer de mi tía... si me tocara morir de esto, simplemente no me entero hasta dentro de 6 meses que fuera ya muy tarde. Tengo la certeza de que el aviso en este momento fue por algo. Esto NO me va a matar. Algo me toca aprender, eso sí es seguro, pero tengo 2 razones poderosísimas (mis hijos) para seguir aquí, y uno de ellos necesita que yo lo cuide particularmente. Este hallazgo "fortuito" es Dios cuidándome."

En ese momento, durante la inspección y entrega de resultados, acepté sin resistirme el hecho de que tenía un tumor maligno y seguramente tendría que vivir un proceso para sanar, acepté que la vida me había puesto nuevamente en una situación extrema en la que tendría que afianzar lo aprendido durante la enfermedad de Andy e incorporar nuevos aprendizajes a mi vida. Acepté que no tenía idea a dónde me llevarían todas estas experiencias, pero que para ALGO habrían de servirme. Acepté que ahora me tocaba a mi poner en práctica el valor, la fuerza vital y la alegría de vivir que Andy me había enseñado el año anterior. Si él había aguantado como un campeón TODO lo que le tuvieron que hacer a sus tres años, yo no podía hacer menos que ajustarme a ese estándar y poner manos a la obra sin dudarlo. Sentí además una tremenda fe en la vida, en mi, en mi propia fuerza y capacidad, en Dios y el Universo(de la fe hablaremos también más adelante).

Como lo dice Zelana Montminy en su libro "21 days of resilience": "Acepta y lidia en tiempo real con las circunstancias como son, no como quisieras que fueran." Si aceptas, estás en el camino de sanar. ACEPTA la experiencia con amor, pues es parte de tu evolución y la de toda la humanidad.

"Toma este momento. Sumérgete en sus detalles. Responde a esta persona, a este desafío, esta acción. Deja las evasiones. Deja de buscar problemas innecesarios. Es hora de vivir; para habitar por completo la situación en la que te encuentras ahora."
-Epícteto.

El cuento budista.

Si queremos ir aún un paso más allá en aceptación y consciencia, el siguiente cuento de tradición budista ilustra claramente que en realidad lo más sabio sería no calificar lo que nos pasa, pues la etiqueta que le pongamos hoy, puede cambiar con lo que suceda mañana. No puedes juzgar la película completa si no la has visto toda aún...

En la antigua China, en un pueblo de las montañas, vivía un anciano muy pobre con su único hijo. Tenían un solo caballo y un día, el hijo no cerró bien la puerta del corral y el caballo se escapó a las montañas. La gente del pueblo llegó a decirle: "¡Qué mala suerte! Tu caballo se escapó, ahora no vas a poder trabajar".

El sabio anciano, encogiéndose de hombros, dijo "¿bueno?, ¿malo?, ¿quién sabe?". Los vecinos se fueron pensando que el anciano ya no podía dimensionar la gravedad de lo ocurrido.

Al poco tiempo, el caballo regresó acompañado de otros 10 caballos salvajes que lo seguían. En cuanto se dieron cuenta los amigos, fueron a felicitarlo por su buena fortuna: "¡Qué bueno! ¡Ahora te harás rico!", a lo que el viejo replicó "¿bueno?, ¿malo?, ¿quién sabe?". Una vez más, nadie entendía que el anciano no brincara de gusto.

Unos días después, mientras el hijo estaba intentando montar a uno de los caballos salvajes, se cayó y se rompió ambas piernas. De nuevo, la gente del pueblo se acercó preocupada y le dijeron: "¡Qué mala suerte!, Ahora tu hijo no va a poder ayudarte a vender los caballos". Igual que siempre, el viejo les contestó: "¿bueno?, ¿malo?, ¿quién sabe?". En el pueblo ya corría el rumor de que el anciano ya se estaba volviendo loco.

Un par de semanas más tarde, llegaron representantes del ejército con un edicto del emperador, para reclutar a todos los varones jóvenes y llevarlos a la guerra. El hijo del anciano, que seguía recuperándose de sus fracturas, no pudo ir. En la guerra, prácticamente todos murieron, pero el hijo del anciano estaba vivo y recuperado.

¿Y si lo que hoy estás calificando como malo resultara ser una enorme bendición? ¿Y si aceptar y rendirte a lo que es, te permitiera fluir con facilidad hacia dónde te toca estar? ¿Y si el flujo de la corriente, que va cuesta abajo, fuera el más claro ejemplo de que remar cuesta arriba es un esfuerzo innecesario?

Suelta, no te aferres a un punto de vista, acepta, ábrete y recibe lo que la vida traerá para ti.

¿Ya acepté?

Para saber si verdaderamente ya lograste llegar a la aceptación, basta con observarte:

Al tocar el tema, registra lo que sucede en tu cuerpo: ¿Te tensas?, ¿Sientes opresión?, ¿Te vuelves a enojar o a entristecer al mismo nivel que cuando te sucedió o aún más?, ¿Te sientes pesado? O más bien ¿te das cuenta que puedes tocar el tema sin que se genere en ti ninguna de estas sensaciones y puedes sentirte mayormente en paz y sereno?

Si sigues repitiendo la historia, tanto porque la vida te presenta experiencias similares, como porque se ha vuelto un tema obsesivo y recurrente en tus conversaciones externas e internas, entonces es claro que aún tienes que trabajar la aceptación.

Algunos tips para ayudarte a aceptar.

Esta pequeña lista de recomendaciones por supuesto que no es exhaustiva, hay muchísimos recursos de los que puedes echar mano. Se vale probar y encontrar lo que a ti mejor te funcione. Estas son solo algunas ideas que puedes explorar si sientes que necesitas ayuda con el proceso de aceptación.

Rituales:

Un estudio en Harvard, buscando los factores que hacen que quienes se han enfrentado a una pérdida puedan sobreponerse a su duelo mejor y más rápidamente, encontró que una característica común a quienes tenían una mayor resiliencia es el hecho de que tienen ¡RITUALES!, pero no los rituales tradicionales, públicos o religiosos como el velorio, sepelio o guardar luto, sino rituales personales y privados. Como romper todas las fotos de la relación fallida, quemarlas y luego tirar las cenizas en el parque donde se dieron el primer beso... o cantar la canción favorita de la persona fallecida en su honor todos los días por semanas después de su muerte; hay quienes escriben, o arman un álbum de fotos sobre la persona o suceso y quienes a través de la pintura o el arte subliman su dolor para procesar su duelo. Cada quién lo puede hacer de forma MUY personal, como mejor le funcione, pero es sin duda, una herramienta utilísima para llegar a la aceptación.

Quisiera compartirte un ejemplo cercano de un ritual para tra-bajar el duelo que una buena amiga mía, Guylaine Couttolenc, de-cidió realizar al morir su padre. Ella es fotógrafa profesional y decidió documentar, a través de foto artística y conceptual, el pro-ceso de ir vaciando la casa de su papá (su casa de la infancia). Primero los muebles y espacios de la casa con vida y en uso, luego los muebles y espacios sin nadie, solo con las huellas del uso, el tiempo y la ausencia, para finalmente fotografiar aspectos de la casa totalmente vacía. Cuando me lo platicó, me pareció un ritual terapéutico altamente significativo y conmovedor. Me puso la piel de gallina al conectar con la emocionalidad de lo que debió ser pasar días completos ahí, documentando el proceso de soltar todo lo material que quedó después de la partida de su padre, de una for-ma profunda, conectada con el sentir que dicho proceso implicaba. Buscando los ángulos, la luz, los puntos de vista que ilustraran lo que su papá veía en vida en su propia casa, las evidencias del paso del tiempo y los detalles que denotaran ese hueco que quedó también en su corazón.

Después de este ejercicio, el hueco no se llena, el dolor no desa-parece del todo, pero ese proceso de duelo la llevó a la aceptación de lo que ya era y generó una obra que seguramente será exhibida, moviendo corazones. Se permitió sentir y sublimó ese dolor en algo que finalmente conectará con muchas otras personas.

Acompañamiento de un tanatólogo, psicólogo, o tera-peuta:

Esta es la primera en mi lista, sobre todo cuando ya el proceso lleva un rato y se ha estancado. Cuando el duelo está inconcluso y el dolor o la negación, depresión, enojo se han vuelto crónicos. Busca referencias de terapeutas preparados y ábrete a la ayuda que te puedan brindar en tu proceso.

El perdón:

Si no te perdonas, te victimizas una y otra vez y permites que te sigan lastimando. Perdonar es del corazón, no de la mente. Elige dejar ir y cierra círculos. Cuando algo termina hay que soltarlo. No te revuelques en los por qués, eso es altamente desgastante. La vida es de ciclos y nuevos ciclos vendrán, la vida avanza, da vuelta a la hoja y sigue adelante. Suelta. Al perdonar, poco a poco el sentimiento irá cambiando. El perdón es un acto de amor hacia ti. Elige tu respuesta, elige perdonar. Hay muchísimo que se ha escrito sobre el proceso de perdón. Si sientes que te cuesta trabajo, busca a algún autor o terapeuta que resuene contigo y ¡ponlo en práctica!

Honra la realidad y ríndete a ella:

Hacer un ejercicio de, literalmente, rendirte, soltar, aceptar de forma consciente con un ritual, lo que te está sucediendo... Puedes hacerlo como a ti te resuene. Algo que a mí me ha ayudado es hincarme o acostarme boca arriba con los brazos abiertos en un espacio abierto, cerca de la naturaleza, donde esté tocando pasto, y repetir constantemente: "Suelto mi resistencia y acepto lo que la vida me presenta en este momento, lo abrazo y lo honro porque sé que esta situación está aquí para mi más alto bien aunque hoy no lo entienda. Humilde-mente me rindo y bajo mis barreras para recibir el aprendizaje y los regalos que traerá con facilidad, gozo y gloria."

Tú puedes inventar tu propio ritual de humildad y rendición. Te prometo que será sanador y te ayudará a quitarte el peso de la resistencia y abrirte a la experiencia.

Escribir:

En un diario, en cartas a ti mismo o a quien está involucrado en las circunstancias. Escribir es un proceso terapéutico de purificación. Ayuda a vaciar tus ideas, juicios, miedos, dudas, etc. Y, al ponerlos afuera, se abre la posibilidad de que fluya lo que tenga que

fluir a través tuyo con menor resistencia. Si escribes de forma constante con esta intención, te irás dando cuenta cómo la energía en lo que escribes se irá sintiendo cada vez más clara y fluida.

Ho´oponopono:

Esta técnica Hawaiana de perdón, purificación y sanación también es una forma muy suave y linda de ir desbloqueando las energías de resistencia para abrirte con humildad a recibir. Si lo buscas en YouTube, encontrarás un sinfín de videos y audios con meditaciones al respecto.

Barras de Access Consciousness®:

Esta técnica es una terapia alternativa que utiliza la energía electromagnética del cuerpo para ayudarte a desbloquear juicios, opiniones, creencias y puntos de vista que te pueden estar bloqueando a la posibilidad de aceptar y ver las cosas con otra perspectiva y encuadre.

"Grandes cambios suceden cuando haces pequeños ajustes con gran convicción".
-Eric Grettens.

Alquimia Emocional

CAPÍTULO 5

INGREDIENTE #3: GRATITUD

$$AE=D(A+G+F)^\heartsuit$$

CUALQUIER PERSONA O SITUACIÓN ES TU MAESTRO, AGRADÉCELO.

¿Cuántas veces, estando en plena ebullición de la crisis, has escuchado las frases: "Todo pasa por algo", "Todo es perfecto y tiene un para qué en tu plan de vida", "Solo Dios conoce sus misteriosos caminos", "Dios le da las batallas más difíciles a sus mejores guerreros"... Etc.? ¿No te cae como patada de mula cuando te dicen eso en plena adversidad? A mí sí... "¡¡¿Cómo vienes a decirme que este dolor tan tremendo tiene una justificación y es parte de un plan?!!", "¡¡Por favor díganle a Dios que se agarre a otro de puerquito o que se equivocó de guerrero!!". Y no quiero en lo más mínimo ser irrespetuosa, es la realidad de lo que a muchos nos pasa por la cabeza. El hecho es que, como ya lo platicamos, no todo lo que nos pasa tiene una razón lógica o una que nuestro entendímiento humano pueda justificar. Las fregaderas suceden, ya lo decíamos, es parte de estar vivos en este plano terrenal donde las circunstancias fluyen fuera de nuestro control. Así es, la crisis y el caos son parte del todo. El cambio es lo único constante y la destrucción es parte de la creación. Así funciona el Universo y nos sucede a todos de una u otra forma.

A pesar de la reacción natural a esas frases trilladas y que caen gordas en plena crisis, si tomas la adversidad como una oportunidad de observarte y conocerte, de permitirte sentir, de hacerte consciente de tu zona de poder y cómo la empleas a tu favor o en tu contra, de descubrir fortalezas y debilidades, de entrenar y practicar tu resiliencia, de verla como un momento de expansión, entonces habrás sacado algo bueno dentro de todo lo malo de la situación, habrás crecido un poco como persona, habrás hecho "Alquimia Emocional", que solo surge del corazón, no de la razón.

Entonces sí, después de un tiempo, entenderás que todo lo que pasa tiene el potencial de hacerte una mejor persona y descubrir de qué estás hecho. Y eso, es digno de agradecerse, es más, aunque te parezca que quizá lo estoy llevando a un extremo, si ves tu adversidad como regalo, no solo la aceptas y la agradeces, incluso podrías llegar a amarla, pues es catalizador para sacar tu mejor brillo. Y no, no estoy hablando de masoquismo, sino de un amor que viene de la certeza de que estás en un camino de mejora y crecimiento.

En esta vida o ganas, o aprendes. "Perder" es un constructo mental del ego, limitante y de auto-boicot. **A veces necesitas romperte para descubrir de qué estás hecho, jamás subestimes el poder transformador de una buena crisis.**

Cuando tienes claro lo que deseas y vas tras ello, pero permaneces abierto y flexible a las diferentes formas en las que el Universo

puede manifestar el resultado, eres capaz de reconocerlas, darte cuenta de que llegan a ti, quizá con otro disfraz, y puedes apreciarlas y agradecerlas. Incluso eres capaz de aceptar que no llegan pero, en su lugar llegan otras que son mejores para ti en este momento. Entonces ¡sucede! Vives en gratitud, contento con lo que vas logrando a cada paso del camino. Y vivir en constante gratitud es vivir en un estado de GRACIA. Sí, el camino de la alquimia es el camino de la vida plena y el camino del espíritu.

Eso pasa con las situaciones, pero también con las personas. Cuando dejas de querer cambiar a quienes te rodean y puedes apreciarlos tal y como son, con defectos y virtudes, con aciertos y errores, con todo lo que que te retan y espejean (porque lo que te choca, te checa), con sus luces y sombras, entonces empiezas a valorar la enorme riqueza que aportan a tu vida, los aprendizajes que te brindan y te dejas de frustrar porque no son como tú esperas que sean o porque no actúan como tú esperas que actúen. Porque "Cada cabeza es un mundo". El que escribió tu "guion" de cómo deberían ser las cosas o personas fue ese macaco loco de tu cabeza que vive aterrado por todo lo que no puede controlar y que está bastante neurótico.

Recuerda: a menos que seas médico, tú no vienes a "componer" o "arreglar" a nadie. Puedes acompañar, ayudar si te lo piden, brindar tu luz si la requieren, pero lo que suceda y hagan con eso, ya no depende de ti ni es tu responsabilidad. ¡No te lo tomes personal!. Fluye, aprecia, agradece y vive mucho más tranquilo y feliz. Encuentra al otro en donde el otro está, no pretendas jalarlo, empujarlo o arrastrarlo hacia donde tú crees que debería ir. El verdadero alquimista, respeta el momento del otro , lo valora y acepta sin pretender cambiarlo.

Sé "Feroz, pero flexible". Feroz con tu claridad, tu determinación y acciones, pero flexible a lo que se manifieste como resultado. Y aprende a amarlo y a apreciarlo.

Cuando sostienes algo (hasta una idea) con rigidez, te agotas, la ahogas, no le permites respirar ni moverse... En cambio, un "agarre suelto" (aunque suene contradictorio) te será más fácil de llevar...

Cambia tus expectativas, aunque sea por un rato, por verdadero aprecio de lo que YA ES. Haz el experimento. Venimos de entender en los capítulos anteriores, que hay que decidir y aceptar... una vez que puedes aceptar lo que es y dejas de pelearte con la realidad, la gratitud será mucho más fácil y natural.

Lo escuché en una plática hace poco y resonó fuertemente conmigo "El martillo es una herramienta que destruye, pero también sirve para construir"... Así lo he podido comprobar en carne propia: Los golpes de la vida te quiebran, pero también te abren, te transforman y te moldean. El cincel, a punta de golpes, le quita a la piedra todo lo que le sobra, para que pueda surgir la obra de arte que guardaba dentro. Lo mismo sucede con tu vida, las adversidades van cincelando y esculpiéndote para transformarte en una obra de arte. Y es un proceso que nunca termina.

La gratitud es un sentimiento y actitud de aprecio por un bien o beneficio que se ha recibido o se va a recibir de forma gratuita (de ahí la gratitud / gratis). Lo más fácil es agradecer un beneficio que ya recibimos, pues es tangible para nosotros y gozamos ya de las bondades que nos ha traído. Más retador, pero no menos importante, es agradecer por adelantado un beneficio que recibiremos. Requiere más esfuerzo pues aún no lo tenemos en nuestras manos y, a veces, es difícil percibir claramente el impacto que tendrá y el efecto que puede provocar en nosotros y nuestra vida. Implica vencer la duda y, simplemente, tener certeza y decir GRACIAS. Es agradecer el golpe del martillo porque sabes que está quitando lo que sobra para hacerte una mejor persona. Este es el tipo de gratitud que se tiene que poner en práctica para poder hacer Alquimia Emocional.

De todos los errores y los tropiezos pueden surgir cosas buenas: Aprendizaje, conocimiento de ti mismo, sabiduría de vida, pensa-

miento innovador, madurez, compasión, fortalecimiento de lazos y amistades...

Si fuiste traicionado, descubrirás la importancia de la lealtad; si te sentiste completamente solo, aprenderás a ser un amigo más presente; si padeces una injusticia, intentarás ser más justo en la vida; si enfermaste, aprenderás a cuidar mejor tu cuerpo y valorar cada instante de tu vida; si te ignoraron, entenderás la importancia de saber escuchar; si se burlaron de ti, aprenderás a ser más respetuoso y compasivo; si sufriste intolerancia, aprenderás a ser más paciente; si perdiste a alguien amado, aprenderás a valorar y disfrutar mucho más de quienes aún tienes contigo... Todo dependerá de la capacidad que tengas de ver el mensaje o el regalo detrás de tu "mala suerte".

Cuando te sobrepones a estas circunstancias adversas, adquieres y refuerzas capacidades que aumentan tu resiliencia como la humildad, la paciencia, la tolerancia a la frustración, la priorización, el enfoque, la creatividad, ética de trabajo y una larga lista de virtudes que irás adquiriendo en la vida si sabes aprovechar lo que la vida te manda.

Para estar en "armonía" con el flujo natural de la vida, ponte en armonía con el momento, acepta y agradece lo que te está presentando sin resistencia y pon tu intención en que ese momento se llene de tu mejor energía. Agradece poder estar recibiendo ese regalo, enriquécete de él y SUELTA. Repite constantemente ese proceso por el resto de tu vida... Cambia tus expectativas frustradas por aprecio de lo que sí es. ¡Usa tu potencial, para eso te fue dado!

Una "mentalidad de crecimiento", como la llama Carol Dweck, psicóloga social de la Universidad de Stanford, es propia de una mente abierta y dispuesta a apreciar los retos porque te expanden, a disfrutar del esfuerzo porque te hace mejor, y a aceptar los errores porque te enseñan. Una mentalidad de crecimiento es una mentalidad resiliente, capaz de percibir y agradecer los beneficios que siempre vienen más o menos ocultos en las adversidades. Esa es la mentalidad de los alquimistas emocionales.

"Cuando puedes enfocar tu atención en el hecho de que es un completo milagro, 100% de buena fe, que se te haya dado la oportunidad de experimentar tiempo en este planeta, la palabra "difícil" simplemente pierde sentido."
-Bryan Reeves.

¡Estás vivo! Insisto, el que estés parado en una piedra que gira a miles de kilómetros por hora sobre su propio eje y alrededor de otra roca incandescente en un Universo que se expande continuamente es ya un milagro digno de agradecerse. Si lo pones en perspectiva, el que estés experimentando lo que sea que estás experimentando en esa roca voladora, es ya un regalo.

Si huyes del reto o el error, tu cerebro no trabaja, no se aprovecha y no genera nuevas conexiones neuronales. Peor aún, tu situación se estanca o empeora. En cambio, cuando ves el error o el problema como una oportunidad, el cerebro se enciende, se ejercita, se reconfigura gracias a su capacidad para cambiar y adaptarse al entorno, llamada neuroplasticidad, y busca soluciones.

Lo que no te mata te hace más fuerte, ¡si lo enfrentas desde el corazón!. ¿Qué tal si agradecemos que la vida nos da constantemente fuentes de combustible que nos permiten movernos hacia adelante y evolucionar, en lugar de quejarnos del valle de lágrimas y tragedias en el que nos ha tocado vivir?

Las crisis son como el abono, ya lo dijimos antes, puede que huela mal, pero está lleno de nutrientes esenciales y es necesario para crecer fuerte y florecer.

Agradece con el corazón el aprendizaje que esta situación te trae, aunque en este instante aún no entiendas cuál es. Recuerda que más adelante tendrás la capacidad de ver cómo todo se fue acomo-

dando y los puntos se fueron uniendo para llevarte a un mejor lugar. En este momento, con la mirada y atención fija en el presente, probablemente no lo alcances a vislumbrar. Aún no ves el regalo que esta adversidad te trae, pero confía, el regalo está ahí, listo para que lo descubras y saques de esa envoltura tan poco atractiva.

Hay rincones del alma que jamás son tocados, excepto por el dolor. Y cuando el dolor los toca, nos revela partes de nuestro ser verdadero que no tenían luz y que nos hacen mejores seres humanos. El gozo que puedes llegar a sentir a raíz de esto, es directamente proporcional, o incluso mayor, al dolor que te activó ese pedacito de alma que estaba dormido.

Sentir gratitud por un hecho doloroso suena contranatural, lo sé. Pero recuerda que todo depende de tu percepción y tu encuadre. Si tú decides buscar el regalo oculto, no es difícil empezar a ver lo bueno que aún lo más malo te puede traer: Este suceso te está ayudando a conocerte más profundamente y te está obligando a encontrar herramientas y capacidades que no sabías que tenías. Estás en el proceso de hacerte más fuerte, flexible y resiliente. Te está expandiendo como persona. A consecuencia de esta adversidad tu cerebro está generando nuevas conexiones y te estás volviendo más inteligente y creativo, más capaz, más sabio, más hábil y también más empático, más compasivo y comprensivo, conectandote con otros a niveles más profundos.

Igual que un buen atleta entrena constantemente para ser mejor y romper sus propios récords, así un buen alquimista aprovecha y agradece cada situación que la vida le presenta para practicar la resiliencia, romper sus propias barreras y expandirse cada vez más.

LOS REGALOS DE MI CÁNCER.

En el momento de plena crisis es a veces difícil encontrar sentido, o ver el regalo completo. Pero una vez llegada la aceptación, es que tienes la verdadera capacidad de verle el sentido y entonces agradecer. Un hecho que te confronta con la muerte, por ejemplo, te hace reencontrarte inevitablemente con la vida.

Estando en pleno tratamiento de cáncer, constantemente daba gracias por tener la posibilidad de estar más tiempo con mis hijos. La enfermedad me dio la oportunidad de relajarme en todos los demás aspectos de mi vida y dedicarme exclusivamente a mi proceso de sanación y a estar más tiempo con los seres que más amo.

Hubo muchísimos aprendizajes y regalos ocultos en el hecho de enfrentar una enfermedad "mortal" y vivir toda esta experiencia. Ahora te comparto cuáles fueron los 5 principales regalos que el cáncer trajo a mi vida y creo que a la vida de cualquiera que padezca algo similar:

El chance de hacer un ALTO y poner foco en el autocuidado.

Si eres como yo antes de mi cáncer: Auto motivada, orientada a resultados, "imparable" ... esta enfermedad te da una excelente e incuestionable razón para hacer un alto, para voltear a mirarte y poner atención en cuidarte. Te enseña a pedir y a aceptar ayuda, a revisar y cambiar algunos hábitos. Probablemente jamás se te habría ocurrido darte a ti mismo tanto tiempo y amor hasta ahora, y ¿sabes qué? ¡Es una excelente idea hacerlo!

La oportunidad de re-priorizar lo que es verdaderamente importante en la vida.

Comencé a ver las cosas y jerarquías bajo una luz diferente y fui capaz de darme prioridad a mí y a mis seres queridos antes que al trabajo, status, normas sociales, ser políticamente correcta, cumplir expectativas externas, mi ego, el consumismo, etc. Esto puede tener un impacto ENORME en cómo decides vivir tu vida, qué eliges, por lo que trabajes, lo que hagas o dejes de hacer, lo que veneres, a quién sirvas, etc.

La consciencia de que soy más fuerte de lo que pensaba.

Me di cuenta de mi verdadero valor y potencial. Me hice consciente de que soy valiente, que soy capaz de hacer cosas que no me imaginaba antes de mi enfermedad. Aprendí que podía ser fuerte pero flexible; que era femenina a pesar de no tener cabello o senos; que me merezco gozo, plenitud y satisfacción y tengo lo que necesito para lograrlo. Si fui capaz de darle batalla a una enfermedad "mortal" y resistir el proceso, ¡soy capaz de hacer cualquier cosa!

La posibilidad de reinventarme.

Después de pasar por todo lo que el cáncer implica (en mi caso: mastectomía, quimioterapia, radiación y Herceptín -otro medicamento que me administraron por el catéter, una vez al mes durante un año-), y de todos los cambios físicos, emocionales y espirituales que experimenté, no había NADIE que pudiera cuestionar o juzgar si decidía cambiar de rumbo, iniciar una nueva relación, cambiar de carrera, cambiar de look, cambiar de religión o creencia, o cualquier cosa que pudiera desear, necesitar o inventar para poder vivir una vida más feliz y plena. ¡Así que a APROVECHAR!

La habilidad de vivir en el AHORA con consciencia plena y GRATITUD, fluyendo con la vida sin pretender controlarlo todo.

Esta fue ENORME para mí. Siendo una perfeccionista y controladora intensa, el cáncer me dio grandes lecciones sobre lo que significa vivir realmente y disfrutar los momentos simples, imperfectos y espontáneos. A vivir un día a la vez; a estar bien con lo que el Dr. me dijera hoy, sin preocuparme demasiado por lo que me fuera a decir mañana; a apreciar las pequeñas cosas; a no aferrarme a expectativas rígidas y a permitir que la vida me sorprenda. Aprendí a apreciar cada pequeño detalle, cada segundo con mis seres amados, a reírme más, a bailar más, a cantar más, a VIVIR más mientras tenga la oportunidad. A seguir CELEBRANDO LA VIDA TODOS LOS DÍAS mientras siga en este mundo. Este ha sido el mayor de los regalos y estoy profundamente agradecida.

A pesar de lo loco que suena, y de que claro que había inconvenientes, molestias y momentos no tan buenos, en general puedo decir que disfruté ese tiempo y lo atesoro en mi corazón. SÍ, estoy hablando de cuando luché contra el cáncer de mama.

Si ver a la muerte cerca y enfrentarte a la certeza de que más temprano que tarde te vas a morir, te permite reinventarte, repriorizar y replantearte tu vida, y a quienes nos ha pasado podemos constatar que ha sido un regalo enorme, ¿cómo no poder agradecer el regalo oculto en este tropiezo (pequeño o grande) que ahora se te está presentando?

Agradece profundamente todo lo que sí tienes. No pongas todo el foco y toda tu atención en lo que estás perdiendo. Recuerda que donde pones tu foco y energía, se expande.

"Es un hombre sabio el que no lamenta las cosas que no tiene, sino que se regocija por las que tiene"

-Epícteto.

Aún en las peores circunstancias tienes vida, (si no, ya no tendrías de qué preocuparte). Si te lo propones y haces una pequeña revisión de todo lo que sí tienes aún y lo agradeces, te darás cuenta de que no todo está perdido y de que vale la pena vivir esta vida con todos sus matices.

Cuando tuvimos que ejercitar la gratitud.

Mi hijo mayor, Diego, solía tener una visión totalmente pesimista de la vida. Después del divorcio, que sucedió cuando él tenía 6 años, solo podía ver lo negativo de toda situación. No puedo

culparlo, entiendo que a muy corta edad se tuvo que enfrentar a una serie de sucesos (uno tras otro) que lo ponían en una situación compleja y dolorosa. Primero tener que acostumbrarse a la nueva vida sin su papá en casa y con mamá trabajando de tiempo completo; luego un hermanito enfermo que pasó aproximadamente 2 meses con hemorragias nasales fuertes y muy escandalosas por las noches (que le tocaba presenciar) y que luego cayó tan gravemente enfermo que requirió que me dieran un permiso especial en el trabajo para estar 24/7 con él entrando y saliendo de hospitales durante casi 10 meses, gran parte del tiempo en la Ciudad de México, mientras que Diego tuvo que quedarse en Querétaro con su papá en casa de sus abuelos; Después, enfrentar la noticia y proceso de cáncer de su mamá, etc.... No la tuvo fácil, me queda claro. Y como resultado, su actitud frente a cualquier suceso de la vida era altamente negativa. Aunque el hecho fuera neutral o incluso bueno, él siempre encontraba el negrito en el arroz y enfocaba toda su energía en verlo y enojarse con él. Además de que siempre utilizaba el argumento de: "Nos han pasado demasiadas cosas malas en muy poco tiempo, tenemos muy mala suerte".

Esta actitud a mí me generaba mucha angustia. Sabía de la influencia que la percepción optimista tiene en la capacidad de ser resiliente y también estaba consciente de la influencia que esto tenía y tendría a largo plazo en su felicidad... ¿cómo ayudarlo? Además del apoyo terapéutico que tuvo durante ese tiempo, me propuse contagiarlo de una perspectiva más optimista de la vida. Hay muchos estudios que han comprobado que practicar la gratitud mejora nuestra percepción de los hechos e influye positivamente en nuestro bienestar subjetivo. Así que, a partir de mi cáncer, decidí que todas las noches nos reuniéramos todos en su cuarto, antes de dormir, para hacer una pequeña oración en la que, primero que nada, agradeciéramos al menos 3 cosas buenas que nos hubieran sucedido en el día a cada uno. Al principio era muy duro ver que no encontraba cosas que agradecer, pero poco a poco, al ir escuchando cómo incluso Andy, quien había estado tan enfermo y pasado por tantas cirugías, que estaba con medicamentos y análisis médicos constantes; O que yo, que estaba atravesando por el tratamiento de cáncer, pelona y operada, podíamos fácilmente encontrar tres cosas del día que eran dignas de agradecerse, algunas incluso gracias a la enfermedad, empezó a ser capaz entonces de encontrar esas vetas positivas en su día. Al paso de aproximadamente dos años (sí, tomó tiempo y fue gradual, pero valió la pena), su actitud frente a la vida ya era otra radicalmente. Este ejercicio no solo lo ayudó a él, evidentemente también nos hizo mucho bien al resto de la familia y estoy convencida, por el joven en el que lo veo convertirse y del que estoy tan orgullosa, de que su capacidad resiliente es hoy enorme y tiene, aunque no lo sepa conscientemente, todas las herramientas para hacer Alquimia Emocional a lo largo de su vida.

Así que no cuestiones ni te pelees con el camino por el que la vida te lleva. Fluye sin resistencia y sigue el cauce del río de las situaciones que la vida te presenta. Como un río que llega al mar, también tú llegarás a un punto en el que podrás encontrarte con tu grandeza. Tu mayor trauma puede convertirse en tu mayor triunfo, agradécelo por anticipado.

> *"El gozo es esa sensación de felicidad que no depende de lo que te esté pasando"*
>
> -David Steindl-Rast.

Cuando eres capaz de transformar tus expectativas en aprecio y gratitud, y eres capaz de ver el regalo que viene más o menos oculto en toda circunstancia, aprendes a vivir en estado de GRACIA (Gratitud constante) y eso le da GOZO a la vida, pues eres capaz de sonreír internamente sin importar la adversidad o situación que se te presente.

PERDÓN.

"Perdonar es dejar ir la esperanza de que el pasado
pudiera haber sido diferente".
-Oprah Winfrey.

Ya habíamos tocado este punto en el capítulo de la aceptación, pero no está de más ahondar en el tema.

Para poder agradecer, quizá primero tengas que perdonar. El perdón es un acto enorme de amor hacia TI mismo. Perdonar te libera, te da permiso de seguir adelante. No es olvidar, simplemente es quitar resentimientos y culpas de tu mochila para poder moverte más ligero hacia donde tu alma necesita ir.

Cuando no perdonas, tu energía se densifica, tu carga se hace pesada, te auto-boicoteas y te castigas tú. Si alguien te hizo algo que te molestó, y no lo perdonas, estás permitiendo que te siga molestando. permanentemente. Estás perpetuando tu adversidad y no te estás haciendo responsable de la parte que te toca... de cierta forma, estás castigándote a ti mismo por lo que el otro te hizo.

Perdonar no implica que el dolor desaparezca mágicamente. Pero es un paso importante para que el dolor pueda transformarse en aprendizaje y sabiduría. Tampoco perdonar implica tener nuevamente que confiar o establecer una relación con quien te lastimó... quizá lo más sano sea mantenerte alejado, pero mientras no perdonas, mantienes el grillete que te amarra a esa persona o situación y la sigues arrastrando contigo al momento presente, permites que siga causando daño, refuerzas la cadena que te ancla y no te deja moverte. Una persona resentida es, siempre, una persona infeliz. Perdona, suelta, libera, sigue adelante...

El resentimiento (lo contrario al perdón) es enojo por tus propias decisiones, y que proyectas en el otro. Es estar aferrado a que las cosas que ya sucedieron sean diferentes... Es culpar a otros por haber hecho algo que tú hoy eres quien sigues permitiendo que te duela. Sé honesto contigo mismo. Recuerda que es muy probable que tus expectativas pusieran la vara en un lugar que el otro no solicitó. Nadie lee la mente ni tiene la obligación de hacerte feliz, solo TÚ tienes esa responsabilidad.

El resentimiento es un pretexto maravilloso. Permanecer resentido te da "permiso" de seguir contándote la misma historia una y otra vez, de permanecer en tu zona de confort (que realmente no es nada cómoda), de victimizarte y no responsabilizarte. ¡Ojo con esto! Revisa muy bien tu discurso y haz consciencia de lo desempoderante que resulta para ti. El resentimiento solo te está haciendo daño a ti. Suéltalo, perdonándote primero. Si estás atorado en resentimiento y no has perdonado, no has logrado la aceptación.

Hay que aprender a reconciliarse con lo que no se puede controlar. Lo que ya sucedió, no puedes regresar para evitarlo. Cuando no perdonas sigues en resistencia y oposición al flujo de cómo las cosas se presentaron y eso no te permitirá hacer Alquimia. Pero soltar, perdonar y aceptar te abre la posibilidad de realmente aprender y poder ver la enorme cantidad de puertas que aún tienes por abrir para estar mejor.

Perdonar implica:

a. Aceptar el hecho.

b. Responsabilizarte y tomar la parte que te corresponde (recuerda que siempre tienes un rol: o provocas, o permites o perpetúas/prolongas la situación).

c. Ser compasivo contigo y con el otro: Piensa que todos estamos haciendo lo mejor que podemos para evitarnos sufrimiento personal y actuamos con los recursos y conciencia que tenemos en ese momento para tratar de buscar lo mejor para cada uno. NO LO TOMES PERSONAL.

d. Agradecer lo que la experiencia te enseña y te deja como regalo y sabiduría.

Recuerda que la gratitud no es una visión ciegamente optimista en la que las cosas malas de la vida se ignoran o minimizan. Es más un tema de dónde pones tu foco y tu atención. El dolor y la injusticia existen en el mundo, sí. Pero cuando te enfocas en los regalos de la vida que toda situación tiene, ganas una sensación de bienestar. La gratitud nos balancea y nos da esperanza. Haz uso de la capacidad de decidir buscar y elegir aquellas emociones que resuenan más con tu alma. La Gracia llega a nosotros de las formas más inesperadas. Da gracias por lo que fue, por lo que es y lo que será...

> *"El verdadero perdón es cuando puedes decir:*
> *'Gracias por esa experiencia'."*
> -Oprah Winfrey**.**

Algunas ideas para ejercitar el músculo de la gratitud.

La gratitud es un nutriente para tu alma y para tu cuerpo y tiene un poder transformador y sanador enorme en tu vida. Es una actitud que se puede ejercitar y, junto con el aprecio, ayuda a la coherencia entre mente y corazón, esto te da bienestar y equilibrio emocional y físico.

Diario de gratitud: Diariamente haz una lista de 3 a 5 cosas, sucesos o personas (o más si puedes) que agradeces de ese día. Trata de ser lo más específico posible, no solo qué agradeces, sino por qué lo agradeces, y trata de que sean cosas particulares que sucedieron ese día y no solo hechos generales (también dignos de agradecerse) como tener techo, comida y sustento. Mientras más específico y particular seas, más te entrenas para encontrar cosas que agradecer, y más profundo es el sentimiento de gratitud. Quédate con ese sentimiento de agradecimiento y aprecio por lo menos 30 segundos más y permite que se ancle físicamente en ti (identifica y archiva en tu mente cómo se siente en el cuerpo ese bienestar cuando das gracias). Haz de esto un hábito diario. Cuanto más frecuentemente lo hagas, más pronto lo lograrás. Y cuando estés en un momento obscuro, recurre a tu diario y relee lo que has escrito. Es un elíxir sanador y puede ser un buen salvavidas en momentos turbulentos.

Oración de gratitud todas las noches: Como lo hacía con mis hijos. Parecido al ejercicio del diario, pero en familia (o solo), y sin la necesidad de escribir. Agradeciendo 3 cosas específicas del día cada quién y siendo específicos de por qué lo agradecen y cómo es que eso les hizo mejor el día. Compartirlo y escuchar a los demás también ayuda a darnos cuenta de detalles que otros agradecen que nosotros quizá pasamos por alto y eso nos pondrá más alertas en el día a día para capturar en la memoria los momentos que agradeceremos en la noche.

Cofre o banco de Bendiciones: Escribe en un cuadrito de papel una bendición (regalo que agradecer) que hayas recibido en el día y guárdalo en una cajita, alcancía o cofre bonito que puedas tener a la vista. Haz esto TODAS las noches durante un año. La noche de año nuevo, o el día de tu cumpleaños, saca y lee todos los papelitos para ver TODOS los regalos y bendiciones que tuviste ese año. Lo puedes abrir en realidad en el momento que quieras o necesites, pero el ritual de año nuevo o cumpleaños le da un significado especial y te prepara para recibir el nuevo ciclo con una energía muy positiva.

Haz un collage de gratitud: con dibujos o fotos de todo lo que agradeces y ponlo donde lo puedas ver con frecuencia.

Encuentra el regalo oculto: Date a la tarea de encontrar el regalo que tu circunstancia adversa te está trayendo. Atrévete a desenvolver el regalo que quizá viene envuelto de forma poco

atractiva y haz una pequeña lista de las cosas buenas o positivas que pudiera traer consigo a pesar de la parte que no te gusta.

Usa el sentido del humor: Haz, de encontrar el lado positivo a cualquier circunstancia adversa o complicada (tuya o de alguien más y por grande o pequeña que sea), un juego. Usa el humor negro y la ironía si es necesario. Si tienes una piedrita en el zapato, piensa qué le puedes agradecer a ese hecho... Quizá el hacer consciencia de que tienes pies y puedes caminar, de que tienes zapatos y no te lastiman el resto de las piedras del camino, que puedes quitar la pequeña molestia y seguir adelante...Pronto te darás cuenta de que honestamente TODO es "Agradecible".

Cambia la queja por aprecio: Cuando sientas la compulsión de quejarte, mejor saca un papel o servilleta y haz una lista de cosas a agradecer. Seguramente te sorprenderás y te sentirás mucho mejor.

Sublímalo en arte: Nota cómo la gratitud está impactando tu vida y tu percepción y escribe, canta o exprésalo de algún modo.

Mira la foto completa: Observa la sopa y no el pelo. Sé más consciente de todo lo que SÍ tienes y que es digno de agradecerse, en lugar de mirar y quejarte por lo que no tienes.

Agradece a quien no quieres: Piensa en alguien a quien verdaderamente no creas que tienes nada que agradecerle. Conecta con un poco de humildad y busca el regalo que te da tener o haber tenido a esa persona en tu vida. Ve y agradécele en persona, o por lo menos escribe una carta sincera de agradecimiento (quizá se la darás cuando estés listo).

A medida que practiques, te darás cuenta de que un cambio interno empieza a ocurrir, y quizá te sorprendas de qué tan contento y esperanzado te sientes a ratos. Ese sentimiento de satisfacción (gozo) es la gratitud haciendo su trabajo, cuando la sientes, estás entrando a la dimensión del estado de GRACIA.

CAPÍTULO 6
INGREDIENTE #4: Fe

$$AE=D(A+G+F)^{\heartsuit}$$

CONFÍA EN TI, EN TU POTENCIAL Y EN UN ORDEN SUPERIOR

Tener fe, es saber en el fondo de tu corazón que esto también pasará. Que podrás atravesarlo y que, eventualmente, vas a estar bien y podrás voltear y ver las cosas desde otro lugar. Recuerda que esta situación es solo un momento en tu vida, no la define, no te define.

A veces, para dar un salto de fe, se requiere de un buen empujón. ¡Agradécelo! Dios no se equivoca.

"La palabra "Desastre" viene de la raíz etimológica "Sin Astros", sin luz. Tu situación solo será un verdadero desastre si pierdes totalmente de vista la luz que SÍ hay en ti."
-Glennon Doyle.

Confía. La confianza viene de la convicción. Estar convencido y seguro de que esto te fortalecerá y de que saldrás adelante. Estar convencido y seguro de que tienes las herramientas en ti para resolver y sobrellevar lo que está sucediendo, convencido de que todo se acomodará y resolverá tarde o temprano. Encontrarás la forma. Confía que estás donde debes estar para aprender lo que tienes que aprender.

Confía plenamente en que llegarás a un lugar mejor del que estás ahora. Confía en que este trago pasará y, aunque no tengas claro el panorama, te habrás convertido en mejor persona. ¡No te aferres a una expectativa concreta! Actúa con el corazón y suelta, ábrete a lo que el Universo te tenga preparado. Solo Dios, el orden superior, la fuente o como quieras llamarlo conoce sus caminos.

SABIAS PALABRAS DE MI ABUELA.

Le decíamos Monkey de cariño. Ella era consejera en desarrollo humano desde los 70´s, (muchísimo antes de que el "coaching" fuera una moda). Ella me enseñó la importancia e impacto que puede tener en el otro el brindar una escucha activa; a tener una mentalidad realista, pero positiva. Me enseñó de lo indispensable que es tener un sentido del humor agudo y la riqueza y bendición que es poder ayudar a otros a florecer y descubrir su potencial. Desafortunadamente ya no pude compartir con ella esta maravillosa vocación en vida, pero sé que por ahí arriba, me "Coachea" y me acompaña.

Ella alguna vez me dijo algo que me encantó y que tiene todo que ver con la fe de la que te hablo en este libro: *"Dios es un gran psicólogo, ¡Incluso mejor que Freud! Él sabe exactamente lo que necesitas para crecer"* (Marietta Garfias).

Confía en que el Universo y Dios quieren que te expandas, que evoluciones, que vivas plenamente a pesar de lo que suceda a tu alrededor. Confía en que esta incomodidad y dolor sirven para que

veas dónde están tus límites actuales y tus partes a trabajar para poder crecer al siguiente nivel. Confía en la fuerza vital que corre dentro de ti, en tu intuición y no en tu ego. ¿Cómo diferenciarlos? Es bastante fácil: El ego es esa voz interna, bastante escandalosa, fatalista y criticona que juzga y te hace sentir mal, pesado, paralizado... La intuición es esa voz, más tenue, pero más sabia, que te hace sentir entusiasmado, inspirado, energizado, contento y ligero... Las puedes escuchar en tu cabeza o corazón, pero también en tu cuerpo, resuenan en él claramente, escúchalo y sabrás quién te está hablando. Un Alquimista de emociones sabe que esto es seguir su GPS interno.

Independientemente de tu creencia religiosa, o aunque no la tengas, quizá esta idea te ayude: Imagina que antes de venir a este mundo, antes de nacer, tu alma eligió lo que quería o necesitaba venir a experimentar y aprender para su evolución para pasar a otro nivel o simplemente para VIVIR una gama de emociones y usar una serie de dones y fortalezas antes de regresar al origen de todo o transformarse en otro tipo de energía. No importa cómo le llames, el punto es que esta idea a mí me da cierta paz... Tú pactaste o pediste aprender ciertas cosas, obtener ciertas fortalezas y utilizar ciertos dones y la vida te va poniendo las circunstancias para que eso suceda. Esta perspectiva te hace sentir que hay algo más grande y más importante que tu pequeña visión, de lo cual tú eres parte.

Sí, hay libre albedrío y por eso existen en particular dos requisitos en la fórmula para la alquimia: El amor y la decisión. Si tú tomas decisiones desde el miedo y perpetúas tu pesar, es tu responsabilidad. Del amor hablaremos en el siguiente capítulo.

"Pensamiento Mágico Pendejo" seguramente lo llamaría Odín Dupeyrón... (que por cierto ¡me encanta todo lo que hace!). Yo lo llamo Pensamiento Mágico Práctico y Útil, ¿por qué?, porque no se trata de usarlo para justificar permanecer en el rol de víctima, de quedarte en este "valle de lágrimas" "cargando la cruz que te tocó", sufriendo y estancado. Al contrario, se trata de darte cuenta de que de TODO puedes sacar un aprendizaje y que TODO tiene el potencial de hacerte mejor persona, por mucho que apeste, siempre y cuando así lo decidas. Si lo miras desde ahí, es un pensamiento mágico posibilitante, que alimenta tu fe y confianza en tu potencial y te ayuda a salir más rápido del hoyo.

Confía y ten fe en que:

1) **Tú tienes el poder de hacer algo al respecto:** Primero que nada y más importante, tú tienes el poder de decidir la actitud que vas a tomar frente a tu adversidad. Pero también de tomar acciones que te permitan transitar tu duelo y "rebotar" con crecimiento. Más adelante te daré varias herramientas más que te ayudarán a ejercitar tu resiliencia.

2) **Es temporal y pasará.** La naturaleza de la vida y del Universo es que está en constante movimiento, hacia adelante y en espiral (así se mueve el sistema solar, la galaxia, TODO). Las células de tu cuerpo se renuevan constantemente, tu cerebro recibe estímulos, los procesa y algunos los almacena cada segundo. Por lo tanto al terminar de leer esta página, ya no eres el mismo que cuando empezaste a leer. Así que este momento, este sentimiento, este dolor, también cambiará y se irá transformando. En la medida que te permitas sentir lo que la situación presente te provoca, la energía que se genera podrá ser liberada y eso te permitirá seguir adelante sin ir arrastrando tanto equipaje en la psique.

3) **Es local, específico y no generalizable a todo lo que vives y eres.** No te define, tú NO eres esto que te está pasando, ni esto que estás sintiendo. Tú eres quien lo nota y se hace consciente. Este momento de tu vida no te encasilla, no te amarra a una mala fortuna en todos los demás ámbitos de tu vida ni de aquí a la perpetuidad. Solo es un momento de tu vida, a menos que tú te identifiques con ese dolor.

Oración de la serenidad:

"Señor, concédeme serenidad para aceptar todo aquello que no puedo cambiar. Fortaleza para cambiar lo que sí puedo, y sabiduría para entender la diferencia".

Si en este momento te cuesta entender para qué te está ocurriendo lo que te está ocurriendo, ten fe. Aunque no lo puedas ver, te estás volviendo más sabio, estás adquiriendo experiencia, estás aprendiendo cosas que ignorabas de ti mismo, estás sensibilizándote, estás creciendo... ¡Créelo! Un día lo entenderás. Vive lo que te toca, sácale el mayor provecho, por malo que parezca, cree en tu potencial y confía en el Universo.

Toda situación o circunstancia saca algún rasgo de nosotros a relucir (algunos funcionales y otros no tanto)... Obsérvate, mira cómo reaccionas y los resultados que obtienes. Sin juicios, sin autocastigos. Simplemente observa cómo te sientes y qué haces con eso que sientes. ¿Hay algo que no está funcionando como quieres? ¿Qué puedes modificar en ti para cambiar cómo te sientes? En mi experiencia, puedo decirte con certeza que la vida nos pone donde toca para que aprendamos lo que nos ayudará a crecer y ser mejores, siempre y cuando estemos dispuestos. Si no tienes la capacidad de desear y confiar en algo más allá de lo que tu experiencia conoce, difícilmente podrás manifestarlo en tu vida. ¡Creer es Crear! ¿Haz experimentado alguna vez esa certeza de lo que puede ser, aún que la lógica te diga todo lo contrario?

Los milagros en el camino.

Cuando mi hijo Andrés cayó gravemente enfermo en terapia intensiva no tenían muchas esperanzas de que pudiera sobrevivir la noche. Sus riñones habían dejado de funcionar. Eso lo tenía altamente intoxicado y la retención de tanto líquido le había provocado edema pulmonar y cardiaco. Como te conté, alguien escuchó el diagnóstico, reaccionó desde sus propios miedos a verse en un hospital, sufriendo, con tubos por todos lados y con una dudosa prognosis. Ante el pésimo pronóstico, me dijo: "Está sufriendo mucho, debe estar agotado y aterrado, habla con él y dile que está bien si se quiere ir, que le das permiso"...

En ese momento algo se movió poderosamente dentro de mí, tuve la certeza de que si él me escuchaba tirando la toalla, él lo haría también. Supe claramente que ese no era el camino y mi respuesta fue absolutamente lo contrario: "Mientras Andy quiera aferrarse a esta vida, yo quiero que sepa que tiene una mamá que lo quiere aquí, que le está echando porras y esperándolo, que estará pegada a él y hará hasta lo imposible para que se recupere..." y tuve muchísima fe en que estaba tomando la decisión correcta para mí y para él.

Tuve fe en que todo se iba a acomodar tarde o temprano, en que contaba con los recursos emocionales para enfrentar el reto, en que Andrés tenía la fuerza vital necesaria y que teníamos una red de apoyo que nos cobijaría. Y aunque fue un proceso durísimo, estuvo lleno de muchísimo aprendizaje y crecimiento y no me equivoqué. Los milagros fueron sucediendo poco a poco, uno tras otro:

En mi trabajo me apoyaron de formas inéditas, me cobijaron y procuraron la forma de que yo pudiera estar con Andy y no perder el ingreso ni el seguro durante los casi diez meses que duró esa aventura de vida. Una amiga cercana de mi mamá resultó trabajar en el área de Nefrología del Hospital Infantil y ser gran amiga del médico especialista más reconocido en el tema, Dr. Romero Navarro, y fue él quien nos atendió. Los seguros médicos respondieron y pude cubrir los millonarios gastos sin perder casa ni coche. Recibimos cantidades industriales de "dopping energético" como le llamaba mi amigo Lalo López, a través de las oraciones, mensajes y apoyo de cientos de personas, incluso desconocidos. Después de

una ardua búsqueda, apareció un ángel terrenal (Ruby, amiga de la familia) quien, de forma increíblemente generosa y amorosa, le dio una segunda oportunidad de vida a Andrés donándole un riñón. Y además, mientras todo esto ocurría, apareció una nueva pareja que me brindó apoyo, compañía y nueva energía. Al final, logramos pasar la prueba y salir fortalecidos.

Otro momento en que aprendí que la fe era básica, fue cuando pasé por el cáncer de mama. Como te lo platiqué en un capítulo anterior, el haberme enterado de la forma fortuita en que lo hice, me conectó con una fe absoluta de que no me tocaba morirme de eso. Tuve una clara certeza de que sería una lección más donde tendría que poner en práctica lo ya aprendido durante la enfermedad de Andy y conecté con la sensación de estar cobijada por una fuerza mucho más grande que yo. El proceso fue mucho menos dramático y pesado de lo que mi chango loco llegó a imaginar y aquí estoy, vivita y coleando.

La magia está ahí, frente a nosotros, en lo más cotidiano podemos encontrar lo más grande y trascendente... Simplemente tenemos que abrirnos y sintonizarnos con el ritmo y flujo de la vida. Saca la antena y observa con asombro lo que está bajo tus narices.

Hay una cita atribuida a Albert Einstein: "Podemos vivir como si nada de lo que sucede fuera un milagro, o como si absolutamente todo lo fuera" ¿Cuál de las dos posturas te acerca a sentirte cómo quieres? ¿Quieres experimentar lo que te pasa como magia o un regalo? ¿quieres experimentarlo como una situación fortuita, desafortunada y molesta? ¿O una maldición o karma? Recuerda que esa decisión de la perspectiva y el lente que eliges, es solo TUYA.

Confía y ten fe en que todo lo que vives es, en verdad un milagro.

Hay que aprender a fluir con facilidad y con fe, sin engancharse, sin tomárselo personal, asumiendo con gratitud cada circunstancia como perfecta para nuestro autoconocimiento y el desarrollo de nuestro potencial. Sabiendo que nunca somos producto terminado, siempre estamos en evolución... Y ¡Que cada día nos volvemos más sabios!

Confía ciegamente (después lo comprobarás) en que tu crisis es tu catalizador... Está aquí para permitirte hacer los cambios necesarios para convertirte en quien necesitas y quieres ser.

Recuerda que, aunque nos han hecho pensar que el error y la falla son una vergüenza, en realidad son la mezcla que va pavimentando el camino al éxito. ¡ABRAZA tus fracasos y adversidades!

SIEMPRE hay esperanza de crecer y ayudar a otros sin importar tu circunstancia.

Ten fe y confía en que este camino que te está tocando caminar, es el que te llevará a tu más alto bien, a tu mayor desarrollo personal y espiritual.

Ten fe en que este tamiz por el que está pasando tu vida dejará a la vista lo realmente importante y que eso permanecerá contigo. Enfócate en dar solo el siguiente paso que se sienta correcto para ti y confía en que llegarás a buen puerto.

Tips para fortalecer la fe.

Lista de preguntas sin respuesta:

Haz una lista de todo aquello sobre tu crisis de lo que no sabes la respuesta, ¡Sácalo de tu sistema!... Luego guárdala en algún cajón y olvídala... Confía en que si no tienes respuestas es porque no te toca saberlas aún y ten fe en que cuando llegue el momento correcto, la respuesta o información necesaria llegará.

Encuentra Evidencia:

Haz un recuento de los pequeños y grandes retos a los que te has sobrepuesto en el pasado y date cuenta de qué herramientas usaste

para lograrlo y lo que aprendiste. Tu vida misma es un testimonio de resiliencia, ¿no lo sabías? Descubre que también eso que te pasó, ya pasó y sigues aquí, hazte consciente de todo lo que ya has superado antes en tu vida. Confía en que también podrás con esto que te sucede hoy.

También puedes buscar evidencia de cómo otras personas han logrado salir de situaciones similares a la tuya. Saber que hay gente que ya pasó por ahí, logró sobreponerse y ahora está bien ayudará a alimentar tu esperanza.

Inventario de fortalezas:

Haz una lista de las fortalezas, capacidades y virtudes que hoy sabes que tienes y que te han ayudado en el pasado. Eso te ayudará a reforzar la confianza en ti mismo. Recuerda también todo lo que has aprendido a lo largo de tu vida y haz una lista. Date cuenta de que tienes la capacidad de aprender. En ese inventario, también haz un recuento de la gente que puede ayudarte hoy y los recursos de los cuales podrías echar mano.

Rituales y prácticas religiosas o espirituales:

Si tienes una práctica religiosa o espiritual, en particular, ánclate en ella también, confía en ese poder superior, en que hay un plan divino para ti, que hubo un acuerdo de almas en el que tú mismo decidiste lo que querías venir a aprender y las experiencias que necesitarías para ello... Haz oración, medita, ve a misa, prende incienso, haz algún ritual que te conecte con esa sensación de que eres parte de algo más grande que tú, de que eres uno con el todo. Confía en que Dios quiere tu más alto bien.

**Ponte en manos de Dios, y al mismo tiempo,
haz la parte que a ti te toca.**

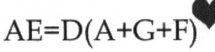

CAPÍTULO 7

INGREDIENTE #5: ELÉVALO A LA POTENCIA DEL AMOR

$$AE=D(A+G+F)$$

"La vida te niega los milagros, hasta que comprendes que todo es un milagro. Te acorta el tiempo, para que te apures en aprender a vivir. La vida no te da lo que quieres, sino lo que necesitas para evolucionar. Te lastima, te hiere, te atormenta, hasta que dejas tus caprichos y berrinches y agradeces respirar. Te oculta los tesoros, hasta que emprendes el viaje, hasta que sales a buscarlos. La vida te niega a Dios hasta que lo ves en todo y en todos. La vida te acorta, te poda, te quita, te desilusiona, te agrieta, te rompe... hasta que solo en ti queda amor."
-Berth Hellinger.

AMOR.

Elevar todos estos ingredientes de los que hablamos en los capítulos anteriores a la potencia del amor (o a la frecuencia del amor), implica poder actuar desde un lugar sereno. Pudiera parecer redundante agregar el ingrediente del amor cuando ya hemos hablado de Aceptación, Gratitud y Fe, que de alguna manera lo integran, pero jamás está de más hacer referencia directa a la energía que, literalmente, mueve al mundo.

El amor es la energía vital que lo sostiene todo, es lo contrario del miedo y, sin embargo, el miedo es una respuesta natural y automática del cerebro y sus mecanismos de defensa. Tiene la función de mantenernos alerta. Pareciera una ironía o un sarcasmo y en cierta forma lo es, pero yo no creo que sea gratuita ni que haya sido construida así por mala leche del Universo.

El miedo es nuestro guardián primitivo, y estará ahí mientras creamos (a nivel inconsciente) que lo necesitamos. El problema es cuando le permitimos crecer desproporcionadamente y que nos invada, pues nos paraliza y daña. Nos bloquea y sabotea. Por eso es vital soltar el miedo de manera consciente. No te apaniques, bájale diez rayitas a ese chango histérico de tu cabeza del cual ya hemos platicado, enfunda en una camisa de fuerza a "la loca de la casa", apaga al ego de la mente o ponle una mordaza y esposas al Voldemort interno (o como tú lo llames) y llénate de AMOR. Y sí, aunque te suene a cliché rosa, es la única verdad: el amor es el camino.

El amor y el miedo están en los dos extremos de la línea de sentimientos que, como seres humanos podemos experimentar. Cuando decides alejarte del miedo y moverte hacia el amor, estás decidiendo por tu bienestar. Llenarte de Amor implica amarte a ti lo suficiente como para vencer el miedo que te atora. Amar tu vida, tus capacidades y tu potencial; Amor a todo lo que te rodea, amor a tu misión en el mundo (aunque aún no la tengas clara) y amor, sí,

a tus circunstancias tal y como son ahora y al proceso de transformación que estás viviendo.

Actuar desde el amor es tratarte también de una forma compasiva, amorosa y generosa, no desde la lástima, la culpa, la vergüenza o la recriminación a ti mismo.

Sí y solo sí decides tomar el reto que tienes enfrente de la forma más amorosa posible, es que estarás en posibilidad de trascenderlo para tu mayor bien y seguir los tres pasos: Aceptación, gratitud y fe.

Donde hay miedo no hay decisión, pues hay incertidumbre y desconfianza.

Donde hay miedo no cabe la aceptación, pues hay resistencia y desesperación.

Donde hay miedo no cabe la gratitud, pues hay resentimiento, enojo y odio.

Donde hay miedo no cabe la fe, pues hay duda, angustia e incredulidad.

Cuando hay una cantidad desproporcionada de miedo, no tenemos espacio para llenarnos de la cantidad necesaria de amor y entonces la alquimia no sucede. Nos quedamos atorados o nos vamos para abajo.

Trabaja en liberar el miedo, ponerlo en su justa proporción y llénate amorosamente de aceptación, gratitud y fe.

Lo que no te mata te hace más fuerte, si lo enfrentas desde el amor: Amor a ti mismo y amor a la vida.

Amate a ti mismo durante esta transición y duelo, la auto-compasión implica aceptarte amorosamente en el lugar en donde estás...

***

"Estás haciendo lo mejor que puedes.

Deja de exigirte ser perfecto.

Deja de criticarte por no lograrlo.

Deja de juzgar tus fallas y defectos.

Deja de pensar que te quedas corto.

Deja de sentir que no eres suficiente.

Deja de creer que lo que ofreces no es valioso.

Deja de castigarte por no ser lo que otros esperan de ti.

Deja de buscar quien te complete.

La única comparación que vale es contigo mismo en el pasado.

La única competencia es contra tus miedos y limitaciones.

El único amor que te hará sentir verdaderamente completa es el que te tengas a ti mismo.

Y se vale hacer pausas, descansar, llorar, desintoxicarte, y cuando estés listo, seguir hacia adelante.

Eres lo que eres, y así eres perfecto.

Aunque te equivoques, aunque a veces te gane el miedo, aunque en ocasiones no logres lo que quieres...

Mientras des lo mejor que tienes;

Mientras sigas aprendiendo y avanzando;

Mientras te entregues al 100%;

Mientras ames sin regateos ni condiciones;

Mientras reconozcas dónde te equivocaste, te disculpes y aprendas;

Mientras seas honesto y directo;

Mientras tu vulnerabilidad te mantenga humano;

Mientras te mantengas abierto y curioso;

Mientras tengas la humildad de aceptar, pedir y recibir;

Mientras haya generosidad en tu alma;

Mientras actúes desde el amor;

Mientras escuches tu GPS interno y hagas lo necesario para seguirlo.

Mientras seas lo suficientemente valiente para presentarte a la vida, decir la verdad y hacer tu trabajo...

Estás dando lo mejor que tienes, estás siendo lo mejor que puedes ser hoy, en este momento y eso, eso es lo único que la vida espera de ti."

- Sandy Mora

Todos estamos en proceso constante de aprendizaje y crecimiento, nunca somos producto terminado, y así, imperfectos, tenemos la capacidad de ser alquimistas, lograr milagros con nuestras vidas y vivir en gozo. ¡No lo dudes!

Si decides actuar desde el amor, SIEMPRE habrá esperanza de crecer y ayudar a otros sin importar tu circunstancia.

¿Qué pasaría si, en lugar de resistirlo y odiarlo, te enamoraras del proceso que estás viviendo?

¿Y si lo abrazaras y agradecieras como un regalo que te está transformando en una mejor persona?

¿Y si pudieras amar todo lo que estás aprendiendo?

¿Cuántas posibilidades se abrirían si miraras tu adversidad con compasión y amor?

¿Cómo sería tu vida si pudieras abrirte amorosamente a la experiencia?

¿Y si pudieras mandar amor a cada uno de los protagonistas de tu crisis, cómo crees que cambiaría tu energía?

Suena radical, lo sé... Y así de radical es la bendición de estar vivos.

Mi deseo para ti es que puedas enamorarte de este proceso y enfrentarlo desde una actitud alegre, que te enamores de en quién te estás convirtiendo y que lo vivas desde esa energía que va del corazón a la mente, de la mente a la palabra y de la palabra a la acción.

Cuando vibras en amor, cosas amorosas suceden a tu alrededor.

Regalo de vida

Andy estaba en hemodiálisis y era urgente que encontráramos un donador compatible de riñón, pues niños tan pequeños no tienen buen pronóstico si pasan demasiado tiempo con un procedimiento médico como ese.

Ruby, una buena amiga de la familia y nuestra cardióloga de cabecera, había estado muy pendiente y cercana con toda la situación de Andrés. Venía en el segundo piso del periférico cuando mi tía la llamó desesperanzada pues la donadora más probable (una tía de Andy del lado paterno) había sido rechazada en el último paso del protocolo de donación de riñón por no haber "histocompatibilidad", esto es, que el cuerpo de Andy tenía anticuerpos cuya existencia elevaba la posibilidad de un rechazo agudo. Esto nos dejaba de regreso al punto cero de tener que encontrar voluntarios de nuevo. Tanto el papá de Andrés como yo no tenemos su mismo tipo de sangre, lo cual nos eliminaba como candidatos a donar, y no había más miembros de las familias que cumplieran con los requisitos de tipo de sangre o salud para poder ser considerados.

Después de consolar a mi tía y decirle que seguramente aparecería algún donador voluntario o de la lista del CENATRA (Centro

Nacional de Trasplantes), Ruby colgó el teléfono y le volvió a subir a la radio. En el programa de entrevistas que estaba escuchando, el tema era "Donación de órganos" y justamente le estaba haciendo una pregunta la entrevistadora a una doctora especialista en el tema: "Doctora, ¿y en el caso de la donación de riñón?" y la entrevistada contestó: "Dios nos dio DOS riñones para que donemos uno, es una infamia no donar un riñón cuando podemos vivir perfectamente con uno solo y no implica ningún riesgo en la vida futura del donante."...

En ese momento Ruby miró al cielo y dijo: "OK Señor, ya entendí", le marcó a mi tía y le pidió el teléfono y la dirección del nefrólogo de Andy. Llegó a su consultorio, se sentó y le dijo: "Ya sé que rebaso la edad que marca el protocolo, pero estoy aquí porque le quiero donar un riñón a Andrés. Conozco el procedimiento quirúrgico, soy médico, y como tengo el mismo tipo de sangre, quiero que me hagan las pruebas para ser la donadora."

El día que salieron los resultados del último estudio (Precisamente el de histocompatibilidad), Benjamín, el nefrólogo de Andy, me llamó: "¿Estás sentada?" preguntó... yo imaginé que me daría la pésima noticia de que seguíamos sin tener donador... "Sí, ¿Qué pasó?"

-"Sandra"- me dijo - "Sabes cuáles son las probabilidades de que un donador no relacionado (no familiar directo) comparta UN alelo con el receptor?"...

-"No, ni idea" contesté.

-"¡Una en un millón! Y ¿Sabes cuántos alelos comparte Ruby con Andrés?"- la cabeza me daba mil vueltas

-"No" -respondí...

-"¡CUATRO!, ese riñón se lo puso Dios a Ruby para Andrés".

Fue así que Andy pudo por fin ser trasplantado y recibió de Ruby una segunda oportunidad de vida.

¡ESO es amor y no cuentos!

Tips para bajarte del tren del miedo y empezar a conectar con el amor.

Abre tu corazón:

Así de simple como suena y complejo como pareciera que es. Cada vez que sientas que el miedo, la duda, el enojo o la incertidumbre van cerrando tu corazón y construyendo una barrera alrededor, ¡PARA! e intenta alguna de las técnicas que te menciono a continuación:

Respirar:

Sí, eso que haces sin pensar, que es gratuito y que te mantiene vivo, es una herramienta maravillosa para calmar al macaco neurótico de tu cabeza y poder bajarle el volumen al miedo para poder conectar más con el amor.

El simple hecho de concentrar tu atención en la respiración de forma consciente, te pone en un mejor lugar. La respiración te conecta con el amor además porque el aire que llena tus pulmones y te permite existir es un regalo amoroso e ilimitado de la madre tierra para ti.

Si te hiperventilas o mantienes una respiración superficial y acelerada como tu chango de la cabeza, el cerebro entenderá que hay una amenaza de muerte y mandará al cuerpo los mensajes neuroquímicos de que hay que correr, pelear o congelarse. La adrenalina y el cortisol (hormona del estrés) te tendrán en un estado de alerta constante y la sangre de tu cuerpo estará concentrada mayormente en tus extremidades. En este estado de miedo, las funciones de tus órganos disminuyen, así como la producción de anticuerpos, la absorción de nutrientes y la regeneración de tus

tejidos. A esto se le llama estrés, "vibrar bajo" o "estar en el ácido" (porque literalmente tu cuerpo se acidifica y provoca malestar, te hace más propenso a enfermedades y tus células se oxidan más rápidamente).

En cambio, si empiezas a hacerte consciente de tu respiración y vas bajando su ritmo, la cosa mejora. Date cuenta de que el oxígeno que tu cuerpo necesita viene a ti de forma fluida, sin necesidad de hacer mayor esfuerzo, sin resistencia, sin que lo pidas y es abundante a tu alrededor.

Intencionalmente ve haciendo tus respiraciones cada vez más largas, profundas y pausadas. Eso mandará a tu cerebro el mensaje de que todo está en calma y no hay peligro inminente. De esta forma, el Voldemort interno se va calmando y una sensación de paz y gratitud empezarán a surgir... ¡ese es el camino del amor!

Contar en reversa:

Esta es una técnica meramente racional y sirve para cortar el hilo de pensamientos negativos. Simplemente empieza a contar del 100 al 1 en reversa. Esto hará que tu cerebro se tenga que concentrar en el proceso numérico y lo distraerá del miedo que estaba experimentando. Si te es muy fácil contar en reversa, agrega un poco de complejidad contando en reversa de tres en tres. Para cuando termines, muy probablemente tu mente esté más aquietada y puedas cambiar la perspectiva con la que miras lo que te está pasando.

Meditar:

Existen, desde hace miles de años, diferentes técnicas de meditación en diversas culturas, religiones y corrientes de pensamiento. Hay meditación trascendental, budista, en movimiento, guiada, dibujar mándalas, etc.... Prueba y elige el método de meditación que mejor te resulte. ¿Cuál es la finalidad? Bajarte del tren del miedo y del ego de la mente a través de enfocarte en el momento presente y no engancharte con los pensamientos que el chango loco te envía sin parar. Conforme lo vayas logrando por más tiempo, podrás escuchar o percibir de forma más clara tu intuición, esa que nace del amor y te permite moverte hacia tu expansión.

Releyendo el blog que escribí cuando estuvo enfermo Andy, y pensando en mi cáncer después, caí en cuenta de que durante toda nuestra enfermedad y convalecencia, estuve en un estado de mindfullness total. Tuve la posibilidad de abstraerme de todo y todos los demás distractores de la vida, me concentré en UNA sola prioridad, y pude enfocarme en estar viviendo literalmente el aquí y el ahora, atenta, captando y apreciando cada segundo de lo que sucedía a mi alrededor sin distraerme con angustias por el futuro o lo que no estaba en mis manos en ese momento. Hoy me doy cuenta de que quizá eso mismo tuvo que ver con mi forma de sobrellevar ambas situaciones. Las mismas circunstancias adversas provocaron ese efecto en mí, que fue muy bueno y ayudó a que las viviera de una forma constructiva.

Mi mismo estado generaba a mi alrededor vibra positiva, la gente estaba cercana y optimista, me sentía querida y acompañada, constante y consistentemente viendo el lado bueno de las cosas, valorando cada minúsculo detalle que implicara una mejora o incluso un simple "¡seguimos aquí!".

Al paso del tiempo, y al resolverse esas circunstancias extremas, permití que ese estado se perdiera al poner mi cabeza de nuevo en todos los pendientes y preocupaciones que la vida, la cotidianeidad, las finanzas y el trabajo me arrojaron. Perdí el foco, el sentido y la conexión con el momento.

¡Qué maravilloso poder encontrar la forma de lograrlo sin tener que estar bajo amenaza de muerte! La meditación y el mindfullness son prácticas herramientas para lograr re-conectarnos con ese flujo del eterno presente y vivir con más gozo."

La práctica de la meditación es, un entrenamiento... ¿para qué? Para aprender a no engancharte con tus pensamientos. Contrario a lo que mucha gente piensa, NO se trata de poner la mente en blanco y no pensar nada... se trata de convertirte en el observador de tus pensamientos. En darte cuenta que tú no eres ese pensamiento. El pensamiento surge y tú lo miras y luego lo dejas pasar... ¿Para qué te va a servir y qué tiene que ver con la resiliencia o Alquimia Emocional? Para que, en la vida cotidiana, cuando un suceso te provoque una reacción emocional y el chango loco empiece a pegar de gritos, puedas ser capaz de desidentificarte de esa avalancha de pensamientos negativos y simplemente seas testigo de que están ahí, los dejes fluir y los sueltes sin engancharte ni atorarte en ellos.

Salir a la naturaleza:

A caminar, ver verde y respirar aire fresco... Abrazar un árbol y arraigarte: Hay diversos estudios que han comprobado el beneficio psíquico y para la salud que es estar en contacto con la naturaleza. En Japón incluso, hay médicos que recetan "Baños de bosque" a sus pacientes para bajar los niveles de estrés y ansiedad y mejorar el sistema inmune. Cuando re-conectas con la naturaleza, re-conectas con una parte esencial de ti. Somos parte de ella. El miedo a ella nos ha ido alejando y haciendo sentir ajenos. El efecto terapéutico de estar en la naturaleza es enorme. Caminar descalzos sobre el pasto también es terapéutico y nos ayuda a descargar energía. Abrazar árboles no es de hippies, los árboles y los seres humanos tenemos una relación simbiótica. Lo que nosotros no necesitamos (CO_2) Para los árboles es sustento de vida. Lo que ellos desechan (Oxígeno), para nosotros es vital. Lo mismo pasa con las energías de estrés, depresión y ansiedad. La naturaleza absorbe esa energía y nos devuelve calma. Busca un árbol que puedas abrazar y hazlo, por un rato, sin prisa y sin pena. Recárgate en él como si fuera un buen amigo y re-cárgate de él y de la energía de la tierra. Quizá te suena woo woo, pero créeme que funciona.

Aprecio y gratitud:

Como ya lo platicamos en el capítulo anterior, el aprecio y la gratitud nos ponen en un estado de coherencia interna entre corazón y cerebro, esto ha sido ampliamente estudiado por el Heart Math Institute en Estados Unidos. Al armonizar los latidos del corazón con las ondas cerebrales, se alcanzan niveles de bienestar altos. Esto se logra, entre otras cosas (además de las mencionadas aquí arriba y en los capítulos anteriores) conectando con sentimientos de aprecio. Esto lo puedes lograr de la siguiente forma: Relájate, concéntrate en tu respiración, imagina que el aire que entra en tu cuerpo llega a tu pecho y a tu corazón, piensa en alguien o algo por lo que sientas un fuerte aprecio, le tengas cariño, lo valores o le estés agradecido y conecta con esa sensación. Al exhalar, imagina que el aire que estuvo en contacto con tu corazón se iluminó y sale de ti y de tu pecho emanando esa luz de aprecio hacia el mundo. Puedes después intentar conectar con aprecio por tus vecinos, tus compañeros de trabajo o incluso por el extraño que ves todos los días vendiendo periódicos en una esquina. Entrégate a la sensación de apreciar a otro ser humano simplemente por ser y estar, deja que esa sensación te llene.

Al terminar el ejercicio te sentirás más conectado a la energía del amor.

Compasión: Haz actos de generosidad y altruismo:

Desde hacer un favor a un amigo, acompañar a un familiar al médico, ayudar a alguien a cargar sus bolsas del supermercado, regalarle un café a una persona sin hogar o preguntarle con genuino interés al de intendencia cómo está su familia, hasta participar en alguna actividad de labor social en colaboración con alguna asociación. Sentir el dolor del otro, hacer algo para aliviarlo o aminorarlo y ser de servicio para otros, nos da siempre un sentido de trascendencia, nos hace mejores personas y nos conecta directamente con el amor.

Acepta el cariño:

Acepta el cariño, la cercanía y la presencia de quien auténticamente quiere estar contigo y te ayuda a sentirte mejor. Ábrete, recibe, agradece y retribuye con amor.

CAPÍTULO 8

HERRAMIENTAS DEL ALQUIMISTA EMOCIONAL

Hay otras herramientas que definitivamente te pueden ayudar a acelerar este proceso de lograr la alquimia o transmutación de tus emociones aflictivas en abono y sabiduría...

1. EL SENTIDO DEL HUMOR:

"Afortunado el hombre que se ríe de sí mismo, ya que nunca le faltará motivo de diversión."
Habib Bourguiba.

Una de las más útiles herramientas en este proceso de alquimia es, sin duda, el sentido del humor. Aunque en situaciones adversas el humor quizá solo pueda ser negro, o MUY negro, ¡no importa! Tener la capacidad de reírnos de nosotros mismos y nuestras circunstancias es una virtud enorme que nos da ventajas en la vida y nos ayuda a ser personas más resilientes: mejores alquimistas.

Así como hay que aprender a buscar el regalo oculto para agradecerlo, hay que aprender a encontrarle el lado chusco a lo que nos pasa para podernos reír.

Cuando puedes reírte de lo que te pasa, de tus reacciones automáticas y de tus viejas actitudes, quiere decir que estás consciente de ellas y, de alguna forma, las estás trascendiendo quitándoles un poco de su poder emocional sobre ti.

En una crisis, nos podemos reír de las "sorpresas" de la vida, de los resultados inesperados, de las paradojas, de los contrastes, de los absurdos, de nuestras propias incongruencias y reacciones. En una situación densa, un toque de ligereza será de GRAN ayuda.

"A fin de cuentas, todo es un chiste".
Charles Chaplin

La risa es un mecanismo de catarsis para liberar tensión. Libera una serie de neurotransmisores que generan bienestar: **Dopamina**, (que es la hormona neurotransmisora del placer y la motivación), **endorfinas** (reducen el dolor y la depresión), y **oxitocina** (que ayuda al descenso de la ansiedad, reduce el miedo, aumenta la confianza, la empatía, la conexión con otros y la generosidad), además de reducir el cortisol (la hormona del estrés). Por si esto fuera poco, ayuda a fortalecer el sistema inmune, y eso, en una situación adversa, es invaluable. Para reírnos, necesitamos usar nuestra creatividad para hacer asociaciones y ver las cosas desde perspectivas muy diversas. Eso nos ayuda a salirnos de la espiral

de desesperación y negatividad mental que nos pudiera estar arrastrando. La carcajada ayuda a la oxigenación del cerebro y tonifica los músculos abdominales también, así que tenemos múltiples beneficios. ¡Date permiso de reírte de tu infortunio!

"La risa es una fuerza transformadora capaz de desencadenar un mayor y mejor equilibrio, físico, psicológico y espiritual en las personas".
-Dr. Dhyan Sutoirus.

Para acabar pronto, la risa es una medicina natural poderosísima que nos pone en otro lugar al momento de tener que lidiar con situaciones complicadas y dolorosas... En mi familia, nos suele agarrar el tonto de risa en el momento de preparar los velorios, e incluso en ellos.

"El humor sirve para hacer habitable la realidad".
Antonio Ortuño.

Servicios funerarios para morirse de risa.

Cuando mi abuela se encontraba ya en su lecho de muerte (literalmente sus últimas horas), yo tomé la tarea de llamar a los servicios funerarios (que ella misma tuvo la prevención de contratar 30 años antes), para hacer todos los arreglos pertinentes que tendrían que estar listos de un momento a otro. En la llamada, me comunicaron con un asesor de ventas el cual empezó a hacer una serie de preguntas y sugerencias que, dado el momento y la situación, quizá a alguien más le hubieran parecido insultantes. A mi me resultaron altamente graciosas... "¿Va a querer el servicio estándar que contrataron solo con café?, ¿o quisiera que incluyéramos refrescos y galletas por $XX, o tenemos el servicio Premium que le incluye sándwiches, baguettes y galletas finas por $XXX?... Su paquete incluye la cremación y una urna austera, pero podemos ofrecerle la urna de cobre modelo #%&$ por $XXX más. También tenemos el servicio de transformar las cenizas de su familiar en una circonia (como un diamante)..." y yo para mis adentros pensaba: "Y luego ¡¡¿¿cómo vamos a decidir quién va a traer a Monkey colgada del pescuezo??!!" y la sola imagen de la abuela colgada del cuello de cualquiera de sus hijos, me hizo soltar una carcajada y decir "¡No!, ¡Qué horror! Jajajaja. Así en urna austera está bien, ¡gracias!"... Los siguientes 30 minutos, no podía parar de reírme al contarles a todos lo que me estaban ofreciendo y, como no era de sorprenderme, TODOS empezaron a hacer bromas y reír a carcajadas inventando otros "posibles" servicios a ofrecer... Sé que mi Monkey escuchó nuestras carcajadas hasta su cuarto, y sé que en el fondo, ella también reía, pues fue ella quien nos enseñó a tomar la vida así, con humor. Así que partió tranquila sabiendo que habíamos aprendido bien.

Para algunos esta actitud podría ser vista como una falta de respeto y totalmente fuera de lugar, pero desde mi muy particular punto de vista, todo lo que gira alrededor del "protocolo" velatorio y los grados de ridiculez a los que llegan las ofertas de los servicios funerarios, son dignos de comedia. Darme permiso de reír y disipar la tensión en momentos así es un regalo enorme. No quiere decir que lo que está pasando no me duele o que no tendré mi dosis de duelo, tristeza y dolor... Como ya dijimos, sentir lo que toca sentir es vital. Pero poder disipar la ansiedad a ratos con un poco de humor, también es deseable y sano.

"La vida hay que tomarla con amor y con humor. Con amor para comprenderla y con humor para soportarla".
-Anónimo

Cuando el cáncer es motivo de fiesta.

Cómo ya te había contado en 2009, mi tía Mary y yo fuimos diagnosticadas con cáncer de mama con menos de un mes de diferencia. Haber recorrido el camino de los tratamientos y la recuperación juntas fue un enorme regalo de la vida. Estando en el consultorio de la fisioterapeuta para que nos diera las indicaciones para prevenir el linfedema, (inflamación del brazo por falta de ganglios axilares removidos durante la mastectomía), vimos un folleto de una persona que ofrecía servicios de "Onco-imagen", esto es, asesoría de imagen y cuidado de la piel para pacientes oncológicas... Ni Mary ni yo habíamos pensado antes en la posibilidad de ir a una consultoría de imagen, pero en ese momento, a las dos nos pareció que nos merecíamos ese regalo. El cáncer, sobre todo el de mama, nos roba a las mujeres no solo la salud, sino gran parte de lo que define nuestra feminidad, por lo cual, el recuperarla un poco a través de este servicio, nos pareció justo y necesario, así que decidimos contactar a Claudia García Peña, nuestro ángel de belleza en momentos de cáncer...

"La risa libera al hombre de sus miedos".
Darío Fo.

El día que fuimos a raparnos proactivamente (justo antes de empezar a quedarnos con mechones de pelo en las manos por la quimioterapia), ambas íbamos con un excelente ánimo, emocionadas y expectantes. Mi mamá iba como camarógrafa para inmortalizar el momento y yo cantaba: "Poooor el cáncer me quedé sin pelo, me dicen la despelada despelona, ¡Ay de mí! Que por el cáncer me quedé yo así... por el cáncer me quedé sin bubis, me dicen la despechada, despelada despelona, ¡Ay de mí! Que por el cáncer me quedé yo así"... y Mary se unía en el coro.

Tanto Claudia como Edgar, el estilista que nos rapaba, estaban atónitos de la forma en la que estábamos viviendo este proceso....

Nos comentaron que, por lo general, las mujeres no querían mirarse al espejo mientras las rapan, sino hasta tener ya una peluca puesta, y que todo el suceso iba regularmente acompañado de muchas lágrimas, lamentos y caras largas... (¡Ojo! No las juzgo).

Había un mundial de soccer y yo le pedí a Edgar, el estilista, que me rapara la palabra MÉXICO en la cabeza, pero se negó rotundamente con cara de horror diciendo que él no hacía ese tipo de cortes...¡Lástima! Hubiera sido muy divertido salir a la calle así. Muertas de risa, nos tomamos fotos al estilo "El último de los mohicanos", cual monjas budistas, e hicimos pasarela de pelucas y mascadas. Yo me sentía como estrella de Hollywood de los 50's, totalmente glamorosa con todas las formas en que Claudia nos enseñó a ponernos los turbantes y mascadas. Por un instante fuimos rubias, pelirrojas, lacias, de pelo largo y corto con una cantidad enorme de pelucas. Nos hicimos colorimetría y aprendimos a maquillarnos. Disfrutamos como niñas el momento, convencidas de que, si no hubiera sido por el cáncer, jamás nos hubiéramos atrevido a hacer todo eso y probar tantos looks.

No sabíamos qué nos depararían los tratamientos... ni la vida, pero decidimos que íbamos a sacarle jugo a ese momento. Habrá quien quizá diga que estábamos en un estado maníaco por la tensión... quizá, pero lo que es un hecho es que hicimos de un momento que pudiera haber sido dramático y doloroso, una gran fiesta memorable encontrándole el lado humorístico y apreciándolo como uno de los tantos pequeños y grandes regalos que esa temida y odiada enfermedad nos trajo a cada una.

"El humor es una herramienta de poder. Nos proporciona una perspectiva diferente sobre nuestros problemas y una actitud de desapego y de control. Si eres capaz de reírte de algo, ¡ya le has ganado la partida!. Si uno es capaz de encontrar humor en cualquier situación, podrá sobrevivir a ella".
-Bill Cosby.

Después del episodio glamoroso y divertido de la rapada, muchas veces yo prefería salir sin turbante ni peluca a la calle... ¡Así, pelona! Disfrutaba del aire en mi cuero cabelludo en esos días de infernal calor, y aún más disfrutaba las caras de los transeúntes o conductores que me encontraba a mi paso. ¿Qué se preguntarán? ¿Pensarán "pobrecita"?... ¡no! ¡Si me veo genial! Quizá piensen que soy mega fan de Sinead O'Connor en sus buenos tiempos, o que soy aspirante a monja budista...

> *"El que se ríe de sí mismo, nunca se quedará*
> *sin cosas de las que reírse"*
> -Epícteto.

Tips para ejercitar el sentido del humor.

Regálate espacios para ver reír:

Mira series o películas de comedia, o busca algunos standuperos en internet y dedica un rato al día a reírte. Te darás cuenta de que encuentran el lado cómico de las situaciones menos esperadas, te servirán de ejemplo y te sentirás mejor después de reírte un rato.

Usa tu creatividad:

Haz asociaciones, buscando contra-dicciones, dobles sentidos... etc. a las cosas que te suceden en el día a día y que te resultan incómodas, molestas o tristes. Quizá en un principio te cueste trabajo o no te causen mucha gracia, pero por lo menos serás capaz de reconocer que si tuvieras otro estado de ánimo o no estuvieras metido hasta las narices en esa situación, otros si la encontrarían graciosa.

Si prefieres, empieza por buscar la gracia a cosas que ya te sucedieron y lograste superar. Recuerda lo que sucedió, lo que pensaste, todo lo que pudo haber sido chusco y date permiso de reírte.

Busca algún instructor de Yoga de la risa o de Risoterapia:

La Yoga de la risa consiste en ejercicios premeditados y diseñados para reírte de forma intencional y ejercicios de respiración. Empieza de forma fingida, pero termina siendo una risa auténtica (aunque no haya razón aparente) y los efectos en el cerebro y cuerpo son igualmente benéficos. La Risoterapia consiste en actividades o ejercicios que te provoquen risa. Ambas suelen practicarse en grupo.

Una Yoga poco ortodoxa.

Cuando estaba en el tratamiento de cáncer, mi mamá me acompañó a una sesión de yoga de la risa en el Centro de Cáncer del Hospital ABC. Al principio me sentía totalmente tiesa y boba de reírme fingidamente y seguir los ejercicios que nos iban indicando, pero al poco rato la risa empezó a fluir de forma menos forzada y para cuando acabó la sesión, todos, pero en especial mi mamá y yo, estábamos literalmente en el suelo de la risa, agarrándonos la barriga que dolía de tanto reírnos, con lágrimas en los ojos y pataleando como locas... yo entre carcajadas y apenas pudiendo respirar le preguntaba: "¿De qué carajos nos reímos?" Y mi mamá me contestaba: "¡No tengo ni idea! pero tengo que correr al baño"... y más carcajadas sonoras explotaban en cada una. ¡Qué liberadora sensación!.

2. ENCIENDE TU GPS INTERNO:

Aclarar tu brújula emocional, seguir tu intuición, escuchar a tu corazón...

"La razón teme la derrota, pero la intuición
disfruta la vida y sus desafíos."
-Paulo Coelho.

Cuando estás en momentos de crisis, puedes sentirte muy confundido. A veces no atas, ni desatas. La razón se llena de tanta información o se ve tan invadida por reacciones emocionales descontroladas, que no hay forma de pensar claro. Es en esos momentos cuando tener una conexión con lo que tu corazón y alma verdaderamente necesitan, es de muchísima utilidad para mantener tu salud mental.

Tanto si recibes mil consejos, regaños, y opiniones, como si nadie sabe qué decirte, es muy probable que te sientas abrumado y no sepas cómo actuar. ¿Qué hacer entonces?

Después de aceptar que "es lo que es", cómo te sientes al respecto, y de dejar fluir esa emoción, haz un pequeño paréntesis, busca un espacio y date un momento para preguntarte: "OK, todo esto está pasando y en este instante me siento de "x" forma, pero ¿Cómo me quisiera sentir mientras logro superar este reto? ¿Cómo me quiero sentir ante esta situación que ya está aquí encima?". O quizá por contraste sea más fácil definirlo: Si me siento impotente ante este suceso, quizá quisiera sentirme capaz, o empoderado; Si me siento enojado, quizá quisiera sentirme ligero y más en paz lo más pronto posible; Si me siento confundido, quizá lo que quiero sentir es claridad y serenidad; Si me siento triste y abatido, quizá me ayudaría sentirme más alegre y energizado; si me siento solo y aislado, quizá me ayudaría sentirme más conectado y receptivo...

Hacer este pequeño ejercicio donde te detengas a escucharte, a ti (sin tanto ruido externo) y a tu cuerpo (que grita las señales), te ayudará a activar ese GPS interno (intuición) que te guiará en este camino nublado y turbulento, para llegar a puerto sano y salvo. En momentos de oscuridad, cuando no tienes un faro que te guíe, encontrar la orilla es mucho más complicado y lento. Si enciendes tu GPS o ese faro (la claridad de lo que deseas sentir), tendrás un camino a seguir para tomar decisiones y salir del atolladero más pronto desde el punto de vista emocional.

"En el momento en que empiezas a guiarte tomando en cuenta cómo te quieres sentir, empiezas a dirigirte de vuelta al flujo de tu fuente de energía y es ahí donde reside tu claridad; ahí está tu júbilo; ahí está tu flexibilidad; ahí está tu balance; de ahí vienen tus buenas ideas. Ahí es donde está el acceso a todas las cosas buenas. La llave para la creación deliberada es simplemente decidir cómo te quieres sentir, y luego averiguar formas de sentirte así AHORA".
-Abraham Hicks.

Como ya lo platicamos, el chango loco de la cabeza seguramente estará gritando como histérico todo lo que está mal, y lo que se puede poner peor. Recuerda que ese es tu cerebro límbico (reptiliano), el más primitivo que está entrenado para ver todos los moros con tranchetes en el camino para mantenerte con vida evitando que te alcance el tigre dientes de sable. Pero si respiras profunda y lentamente por un rato, (puedes seguir los consejos que sugiero para bajarte del tren del miedo en el capítulo anterior), ese chango loco empezará a calmarse, a bajarle 4, 5, 6 rayitas a su volumen y entonces tendrás oportunidad de escuchar la vocecita (inmensamente más sabia) de tu corazón y conectar con el amor necesario para la alquimia y para encender ese GPS interno.

Y una vez que lo encienda, ¿cómo funciona ese GPS?... Una vez que lograste conectar con esa vocecita interna que te dice cómo quieres sentirte, mantente abierto a todas las oportunidades que, a pesar de estar en un atolladero, se pueden presentar para hacer pequeñas cosas que te acerquen a sentirte tal y como quieres. Si pones atención y sacas la antena, te sorprenderás de la cantidad de señales que recibes en tu cuerpo, con corazonadas, con cosas que empiezas a notar a tu alrededor que te irán indicando por dónde sí y por dónde no está el camino que te hará sentir mejor.

Cuando tu GPS interno está encendido, tu intuición sube su volumen. Te será más fácil tomar decisiones. Si la voz interna es

negativa, de auto-crítica, juicio, miedo, preocupación, entonces es el chango loco al habla... Si la voz interna habla de expansión, gusto, entusiasmo, amor, ganas de hacerlo ya, entonces es la voz de tu intuición. Escucha a tu cuerpo. ¿La decisión que estás tomando te acerca a sentirte más ligero, expandido, entusiasmado y tranquilo? ¿O más bien te genera una sensación de pesadez, desasosiego, incomodidad, estrés, presión o culpa?... Hazte la pregunta: "¿Ligero o pesado?", escucha lo que tu cuerpo te dice y ¡hazle caso!

Escuchando al cuerpo. Un ejemplo: Decisión de vida ...

Para quienes han pasado por ahí lo saben, tomar la decisión de divorciarse es generalmente MUY complejo, doloroso y a veces muy tardado. Pesan las pérdidas de sueños, planes y compañía, las expectativas propias y las externas, los hijos, las creencias, mandatos sociales y en algunas ocasiones los religiosos, el propio ego que no soporta aceptar el "fracaso", temas emocionales, logísticos, económicos, el miedo y la incertidumbre de cómo se acomodará la vida después, etc....

En mi caso, con mi primer matrimonio, me tomó cinco años de negación, búsqueda mutua de soluciones que no llegaron y procesarlo internamente, antes de decidir dar el paso. Primero fue la separación, y cuando me debatía en la incertidumbre de hacerlo definitivo o volver a intentarlo por enésima vez, tuve un momento de iluminación:

Sentada en la orilla de mi cama, respiré profundo y simplemente me pregunté, ¿cómo te sentirías si lo vieras regresar por esta puerta?, ¡la respuesta automática de mi cuerpo fue clarísima! Mi quijada se tensó, lo mismo que mis manos y pies, sentí ardor y un nudo en la boca del estómago y una opresión en el pecho y hombros.

Al plantearme hipotéticamente el escenario de que nunca más volviera a cruzar el umbral de esa puerta, mi cuerpo en el acto se relajó completamente, como si estuviera en un tibio Jacuzzi, respiré más ligera y sentí claramente cómo el nudo del estómago se deshacía. ¡Así era como quería sentirme! Ahí estuvo mi respuesta.

"Saber cómo te quieres sentir, es la claridad más potente que puedes tener. Generar esos sentimientos, es lo más creativo y poderoso que puedes hacer con tu vida".
- Danielle LaPorte.

Además de procurar hacer lo que te llena o te hace sentir bien cada vez que tengas oportunidad, cuando estés en un estado "non grato", regalarte con cierta regularidad espacios de silencio para escucharte es bien importante. Porque no se trata de desatarte para distraerte y anestesiarte sin más, se trata de verdaderamente llenar tu tanque emocional. El silencio te permitirá regresar a TU centro, re-calibrar el GPS, desintoxicarte de las opiniones, críticas o expectativas externas para poder escuchar más claramente lo que TÚ necesitas.

Mucha gente me preguntaba, y me sigue preguntando, cómo hice para mantenerme fuerte durante todos esos retos en mi vida y una de las principales respuestas es: *"escuchando lo que yo nece-sitaba desde el fondo de mi corazón, y procurándome pequeños espacios para sentirme tal y como quería sentirme para re- abas-tecerme y estar bien".*

Estate también atento de las señales externas y sutiles, que cuando estás más sintonizado contigo, empezarás a notar a tu alrededor. Tu cerebro se sintoniza con aquello que defines como importante para ti y encuentra caminos que antes no veías. Quizá te sientas acompañado por alguna energía superior que te guía. Eso, es tu intuición, la voz de tu corazón, de tu verdadero y sabio ser, de ese que está conectado con el Todo, con Dios.

Tips para encender tu GPS interno.

Registra y escucha:

Hazte un espacio en medio del caos para sentarte tranquilo a solas, respirar y detectar cómo te sientes, no solo emocionalmente, sino cómo se siente esa emoción en tu cuerpo, registra qué está pasando en cada zona de tu cuerpo con esta emoción, respira despacio tres veces y pregúntale a tu corazón cómo le gustaría sentirse ante este reto... luego quédate quieto y en calma para escuchar la respuesta que el cuerpo te dé.

Suelta el "Deber ser":

Trata de identificar qué expectativas estás cargando, respecto a esta situación y a cómo se está desarrollando, que NO son tuyas. ¿Qué viene de una programación de cómo crees tú que esperan que seas y actúes? Cualquier piedra innecesaria en tu mochila en este momento más que nunca sale sobrando. No sientas culpa de "defraudar" a nadie. No te sientas desleal por no responder tal y como se espera. Identifica y conecta con qué es lo que TÚ quieres y necesitas y lo demás, suéltalo.

Haz lo que tengas que hacer para sentirte como te quieres sentir:

No necesitas ganarte la lotería ni irte a vivir a las Bahamas. Busca cuáles son esas pequeñas cosas que podrías estar haciendo en lo cotidiano para acercarte a sentirte tal y como quieres. Desde lo más banal como elegir lo que te vas a poner en la mañana, hasta la música que escuchas, la gente de la que te rodeas, las actividades que te energizan, etc.

Medita:

Ya hablamos de este punto en varios capítulos. De verdad, no subestimes el poder de meditar. Para este punto de conectar con tu GPS interno particularmente, te ayudará muchísimo hacer esos espacios de silencio y quietud, viendo surgir e irse todos los pensamientos que el chango loco de tu mente te manda y des- identificándote de ellos... En la medida que lo vayas logrando, aunque sea por momentos breves, tendrás mucho más posibilidad de escuchar esa sabia voz de tu corazón, tu GPS interno.

Camina en la naturaleza en silencio:

Al igual que meditar, este recurso es enormemente poderoso para ponerte en contacto con tu GPS interno. Hazlo tan frecuentemente como puedas.

¡Goza el momento!:

Vive el presente con plena consciencia y celebra cada pequeño detalle que te brinde alegría

3. CONEXIÓN Y REDES DE APOYO:

Contar con un círculo "cercano" de amigos o familiares con quienes puedas desahogarte y pelotear ideas, además de tener una red de apoyo de contactos que te pueda sostener y ayudar cuando lo necesitas, es VITAL para poder ser resiliente. Julianne Holt-Lunstad, investigadora en la Universidad Brigham Young, en un estudio que duró siete años, encontró que los dos factores más importantes en la predicción de longevidad son las relaciones cercanas y la interacción social.

Si tienes este tipo de redes, ¡aprovéchalas! Si no, téjelas.

Mantenerme conectada y tener claridad de lo que estaba pasando.

Estando enclaustrada prácticamente el 100% de mi tiempo en el hospital durante la enfermedad de Andrés, me mantenía bastante aislada del mundo exterior. Me sentía a veces sola y generalmente sobrecargada de información, que además cambiaba varias veces al

día, sobre el estado de salud de Andrés. Una forma de sentirme más conectada con mi entorno, acompañada y de sentarme a clarificar la información recibida y mis pensamientos al respecto, fue escribir un blog.

Por recomendación de mi gran amiga desde la secundaria, Paula, quien un año antes había pasado por una situación igualmente dura con su hijo pequeño y de quien aprendí el enorme valor de navegar aguas turbulentas con sentido del humor, abrí un blog en el que, casi a diario, escribía lo que pasaba con Andrés.

Sentarme a escribir era para mi un momento de detenerme a procesar todo lo que había sucedido en el día, lo que pasaba por mi cabeza y mi corazón, y ponerlo en orden de manera que otros pudieran entenderlo. Ese ejercicio me ayudaba muchísimo a tener claridad de dónde estaba parada, cuáles eran los pronósticos, los posibles escenarios, los pasos a seguir, las dudas a aclarar. Eso me daba cierto sentido de control y me permitía, además, mantener informado al mundo exterior. La retroalimentación que recibía a través de los comentarios del blog, eran alimento puro para mi alma. "Dopping energético" como lo diría Lalo López. Leer lo que mis amigos, familia e incluso gente que yo no conocía directamente, me escribían era sumamente conmovedor y una recarga de fe y esperanza. Gracias a ese blog, y a Facebook, pude mantener contacto con el mundo exterior y no sentirme aislada ni sola. La ayuda de la gente llegó también de forma directa, en especie y en dinero, en visitas, llamadas y en cadenas de oración. Eso es algo que, sin duda fue un INMENSO regalo y que jamás podré terminar de agradecer.

4. APRENDE A PEDIR, ÁBRETE A RECIBIR, Y SÉ AGRADECIDO:

Sí, se necesita MUCHA humildad y puede ser que, si tienes la misma tendencia autosuficiente y perfeccionista que yo tenía, te cueste MUCHO trabajo. Pero también es altamente probable que justamente ÉSE sea uno de los grandes aprendizajes que te toca tener con esta experiencia.

Generalmente nos resistimos a pedir ayuda, porque lo que tenemos es miedo de aceptarnos ineptos o inútiles para resolver algo... tememos que nos juzguen así. Tememos que nos califiquen como "dependientes", "pedinches" o incompetentes. Tememos también al rechazo: ¿Y si pido ayuda y me la niegan? Eso me va a doler... entonces mejor ni lo intento ¿Y si no se cumplen mis expectativas? ¿Si no me ayudan como yo quiero que me ayuden? ¿Me estoy poniendo en manos de otros? ¿Mi petición de ayuda implica mi incapacidad? ¿Me tendré que conformar con lo que otros quieran y puedan dar? ¿Y si no es suficiente para mis estándares? ¿Y si caigo gordo y la gente se aleja para no tenerme que "dar"? ¿Si me vuelvo una carga para otros?

¡No! Mejor me rasco con mis propias uñas, yo cargo con todo, yo resuelvo todo, yo me hago bolas...

Cuando me golpeó la realidad de que dependía de otros...

El 5 de Mayo, además de la Batalla de Puebla, yo celebro la batalla de mi sobrevivencia. Ese día del año 2010 tuve la primera intervención quirúrgica de mi vida, una mastectomía radical bilteral por cáncer de mama. Ese día, mi lucha más fuerte fue conmigo misma. Ese día tuve uno de los aprendizajes más duros y más importantes: NO SIEMPRE PUEDES SOLA.

Entré a la sala preoperatoria para que me marcaran y ver al cirujano antes de entrar a quirófano. Ahí, me aplicaron un medicamento en el suero para "relajarme" previo a la anestesia... el doctor aún no llegaba y yo quería hablar con él para preguntarle algunas cosas... Abrí los ojos y me transportaban en la camilla, yo pregunté toda grogui: "¿Y Fernando ya llegó? Quiero hablar con él"... La respuesta me dejó aún más mareada de lo que ya me sentía: "Todo

salió bien. Ya te estamos llevando a tu habitación, ahorita va el doctor para allá"...

¡¡¿Cómo?!!! ¡¡¿Ya me operaron y nadie me avisó?!!! ¡¡¿Pero cómo se atrevieron a meterme cuchillo sin haber yo por lo menos saludado y visto la cara al médico?!!! ¿Pasaron más de 8 horas manipulando mi cuerpo y yo ni me enteré? ¡¿Y por qué me cambiaron el suero de mano?! ¿Y por qué traigo esta costura adicional en la parte superior del pecho? ¡¡¿A quién le pidieron permiso para eso?!! ¡¡¡wow!!!, qué dolor tengo!!! ¡¡Me siento fatal!!...

¡Cubetada de realidad! Algunas veces, las circunstancias implican que alguien más tome las decisiones por ti.

En este caso, tuvieron que cambiar el suero de mano porque originalmente lo traía en la izquierda, pero al estar de ese lado el tumor y al haber encontrado metástasis en el primer ganglio (ganglio centinela), el protocolo era sacar toda la cadena de ganglios de esa axila para revisar hasta dónde se había extendido (al final el cáncer había alcanzado ya dos ganglios más). Al ya no tener ganglios de ese lado, está contraindicado tener el suero o cualquier otra cosa que pueda activar el flujo de líquido linfático hacia ese brazo, pues se puede ocasionar linfedema, padecimiento que deja el brazo cual tronco de hinchado y que difícilmente se revierte... Pero todo eso YO no lo sabía.

La costura extra cerca de mi clavícula derecha resultó ser un catéter central, que se pone a los pacientes que recibirán quimioterapia para poder aplicarla directamente al catéter y no lastimar las venas... la decisión de ponérmelo la tomó mi mamá cuando el cirujano la buscó a la mitad de la cirugía para informarle que mi caso sí requeriría quimioterapias y que era lo más recomendable ponerlo de una vez. Era la decisión lógica y yo también lo hubiera autorizado si hubiera estado consciente, sin embargo, el shock de haber estado en manos de otros y no haber sido consultada ni poder tomar decisiones sobre mi propio cuerpo, era enorme.

Para poner la cereza en el pastel de mi tendencia a controlar y mi incapacidad de hacerlo en ese momento, y donde además estuvo el aprendizaje más grande de ese fragmento de la historia, fue cuando, ya en la habitación, intenté levantar los brazos para recogerme el cabello porque tenía calor... ¡¡¡SANTOS dolores extremos Batman!!! No había forma de que yo pudiera levantar los brazos a más de 1 cm. de la cama. El dolor era tal, que ni los shorts de morfina que el hospital proporciona para casos extremos, me servían de nada. Tuve que pedirle a mi mamá que me ayudara a recogerme el cabello con una liga... En ese momento para mí era de vergüenza y humillación el no poder valerme por mi misma para algo TAN básico, pero no tenía más remedio que tragarme mi orgullo y pedir ayuda.

En cuanto mi mamá empezó, con mucho cuidado y cariño, a tratar de recogerme el cabello, sentí como ardía yo en ira porque "no lo estaba haciendo bien y me iba a quedar mal"... empecé a rezongar al respecto y de golpe caí en la cuenta de que mi mamá estaba tratando de hacer lo mejor que podía, tratando de no lastimarme y entendí: "Pediste ayuda y te la están dando, ¡Recíbela con gratitud y humildad y deja de quejarte! Falta un trecho largo y vas a seguir necesitando ayuda".

A partir de ese momento entendí que pedir ayuda es legítimo y no tiene nada de humillante, y que hay que recibir de buen grado la ayuda que llegue y agradecerla siempre. Así como a mí me gusta a veces ayudar, a otros también les da gusto ayudarnos, y todos tenemos el derecho de ser ayudados y pedir ayuda. Parte de la verdadera naturaleza del ser humano son: La generosidad, la solidaridad y el altruismo. Permite que fluyan en tu vida.

Es de grandes ser vulnerables y reconocer cuando no podemos solos... es de aún más grandes tener la humildad de pedir ayuda y es de sabios abrirnos a recibirla y agradecerla. Porque no estamos solos ni aislados en este mundo.

¡POR FAVOR! No temas ser juzgado o rechazado,
¡PIDE AYUDA!

Somos seres sociales, estamos cableados para estar en comunidad, para cooperar y ayudarnos. Cuando te das permiso de pedir ayuda, te liberas, te pones "flojito y cooperando", te flexibilizas (porque no todos hacen las cosas como tú las harías), te abres y eso te hace mejor persona.

Muchas personas navegan también con una bandera de "falsa humildad" con la que en realidad se cierran a la ayuda: "No quiero ser una carga", "No te molestes", "No es necesario", "¿Para qué los mortifico?"...

Pero, como te conté hace un momento, MUCHO de eso tiene que ver en el fondo con soberbia: "No quiero causar lástima", "Yo puedo solo", "No necesito a nadie", "¿Qué van a pensar de mi?"... o con mucho miedo y dolor de experiencias anteriores: "Temo confiar y que no me respondan como espero", "si me muestro vulnerable me vuelvo presa fácil", "temo que me nieguen la ayuda si la pido"...

La realidad es que cerrarte, no hablar, no recibir y no pedir, simplemente hace que la situación que estás viviendo se haga aún más pesada, compleja, densa, y que tú te sientas más aislado y solo.

Dime algo: Cuando tú ofreces ayuda y te la aceptan, ¿Cómo te sientes? Expandido, jubiloso, útil, trascendente, buen ser humano ¿?... O te sientes comprometido, resentido, molesto, importunado e incómodo. Si tu respuesta es lo primero, ¿no crees que los demás también se sienten así cuando tú les aceptas la ayuda? ¿No crees que dejarte ayudar es un doble regalo, tanto para ti como para ellos? ¿No crees que negarle a alguien que te quiere la oportunidad de ayudarte es un poco egoísta?... Y si tu respuesta es lo segundo, ¡por favor! no ofrezcas ayuda si no tienes ganas de darla de corazón.

¡Estamos aquí para ayudarnos y apoyarnos unos a otros! La generosidad y el amor al prójimo son valores y virtudes que hacen de este planeta y nuestras vidas un mejor lugar. Y afortunadamente somos muchísimos más quienes queremos ayudar que quienes no. No siempre el concepto de "la ayuda que necesito" es el mismo para todos, pero mi invitación es a que pidas y aceptes ayuda. La que te puedan dar, la que esté dentro de sus posibilidades... un hombro para llorar, tiempo y oídos para escuchar, compañía para reír, alguien con quién rebotar ideas de solución, dar una recomendación... Siempre saber que hay alguien ahí dispuesto a tender una mano, a acompañarnos, a echarnos porras, es una bendición que, sin duda, te hará más ligero el camino.

Recuerda: Con el problema SIEMPRE vienen posibilidades de resolución. Quizá no sea la solución que tú quisieras, pues regresar al punto donde estabas antes de esta situación puede que no sea posible ni realista, de entrada porque YA te está transformando. Pero los regalos, las herramientas y la ayuda para encontrar un nuevo equilibrio y poder hacer Alquimia Emocional están ahí, si decides aceptarlos, pedirlos o recurrir a ellos. El punto es estar con la disposición y abierto.

No seas como el náufrago del chiste, ese que cuando pasó un barco y le ofreció rescatarlo dijo "¡No! Yo sé que Dios me salvará"... Después pasó un delfín que intentó ayudarlo y le dijo, "¡No! Yo sé que Dios me salvará"... Por último pasó un helicóptero y cuando le lanzaron una línea de rescate se negó y dijo: "¡No! Yo sé que Dios me salvará"... Finalmente se ahogó y al llegar al cielo, le reclamó a Dios: "¡¿Por qué no me salvaste?!" A lo que Dios le respondió: "¡Pero si te mandé un barco, un delfín y un helicóptero y todo lo rechazaste!".

Sé humilde, RECIBE y agradece los regalos que la vida y tu red de apoyo te dan, aún más en medio de la tormenta.

Lluvia de regalos y bendiciones.

Hace relativamente poco me volvieron a despedir del trabajo en el que ya llevaba cuatro años y medio (Gracias a Dios ya soy mucho

más resiliente que antes para ese tipo de cambios súbitos y "rechazos" en la vida). Justo al mismo tiempo, estaba siguiendo en redes sociales la "semana abierta" de un programa de coaching que ofrecía una amiga y Master Coach Canadiense (Sandi Amorim), con el fin de que los potenciales clientes probaran algunas de las herramientas que estaría compartiendo en la versión privada de diez meses de acompañamiento grupal. El término de esa semana coincidió con el término de mi contrato laboral... Estaba preocupada por lo que iba a pasar financieramente conmigo y no sabía qué decisiones debía tomar en cuanto al camino profesional a seguir... Alcé la mano y le pedí a Sandi la posibilidad de participar en su programa privado de largo plazo, pues pensé que podría ser muy útil para re-definir mis proyectos. Ella me aceptó y yo estaba muy agradecida de contar con una herramienta de apoyo para mi transición laboral. Dos semanas después, no solo estaba sin trabajo, sino que también me quedé sin marido e hijastro pues, después de cinco meses complicados, decidieron irse de la casa... Contar con el acompañamiento de Sandi y el grupo durante esos momentos fue providencial. Pero las bendiciones y ayuda siguieron, y han seguido llegando.

Mi querida amiga Laura Niño apareció, como siempre, en el momento justo y me invitó a participar en uno de sus hermosos y sanadores talleres; Mi familia: mi mamá, sus hermanas (Toti y Mary) y hermano (Vico) cerraron filas y se han volcado en ayuda y apoyo de niveles extraordinarios para hacer frente a todo lo que implica este nuevo reto en mi vida y la de mis hijos. El que este libro vea la luz por fin es en parte gracias a eso, y también ha sido providencial retomarlo en este momento de mi vida pues está funcionando como mi propio manual para navegar estas aguas turbulentas. Eli Martínez (Otra terapeuta maravillosa) también apareció con uno de sus programas de trabajo y crecimiento personal. Amistades (muchas), conocidos, familia... La lluvia de ayuda y apoyo no ha cesado y en gran medida es porque he estado totalmente abierta a recibirla. La gratitud es ENORME y el aprendizaje ha sido nuevamente reforzado: **Los retos siempre vienen acompañados de herramientas y ayuda para superarlos, simplemente ábrete a recibirlos.**

5. PROCURATE APAPACHOS PARA EL ALMA:

Recarga y re-abastécete del combustible que mueve al mundo: el amor.

- Abraza mucho todos los días! A propios (Pareja, hijos, padres, amigos, compañeros, mascotas y hasta árboles) y a extraños (si te animas, es muy enriquecedor). Pide y reparte abrazos fuertes, pausados, de corazón a corazón y con la intención de transmitirle al otro "Aquí estoy para ti, gracias por estar para mi"... con la intención de dar y recibir cariño, empatía, amor y contención.

Está comprobado que los abrazos reducen el cortisol que produce estrés y ayudan a que fluyan los neurotransmisores del placer, la conexión y el bienestar.

- Besa, acaricia, mira a los ojos de tus seres queridos, absorbe el momento y atesóralo. ¡Que no te de pena parecer meloso! O verte ridículo (como me pasó a mi mucho tiempo) Más vale que sobren apapachos y momentos dulces a que falten y te arrepientas.

- Busca estar más presente con quienes amas, te energizan, te inspiran, creen en ti, te hacen reír o te enseñan algo.

- Date espacios para estar contigo mismo, en silencio, de meditar, rezar o simplemente estar, de ser posible en contacto con la naturaleza.

- Regálate tiempo para leer ese libro, ver esa película o escuchar esa música que eleva tu energía y nutre tu espíritu.

- Di lo que tu corazón quiere decir! ¡Dilo hoy! ¡No te lo guardes!

Nunca sabes si hoy es la última oportunidad que tienes de hacerlo. Dilo cada vez que te nazca. No tengas miedo de mostrarte auténtico y vulnerable, te nutrirás tú y nutrirás al otro.

6. ALÉJATE DE LO QUE TE INTOXICA:

"Abstente de contenidos Tóxicos". Es importante recordarlo: Donde pones tu atención y tu foco, se expande. Lo que informa tu realidad interna (física, psíquica y espiritual) es lo que metes a tu sistema a través de las emociones y la alimentación. Es vital que descubras cuáles son los "vampiros energéticos" que pueden estar minando tu bienestar.

- Date cuenta de qué tipo de contenidos estás consumiendo (T.V., radio, series, cine, música, etc.) y checa si lo que estás metiendo a tu sistema te está generando bienestar, alegría, optimismo, ligereza, risa, aprendizaje de nuevas habilidades, crecimiento, conexión... o si más bien te genera estrés, impotencia, enojo, tristeza, miedo, aislamiento o parálisis...

- Haz lo mismo revisando si la gente con la que pasas más tiempo te apoya, te da retroalimentación constructiva, te quiere, te echa porras, te ayuda a crecer, cree en ti, te enseña algo o te nutre y enriquece de alguna forma; o si estás permitiendo que te usen de basurero emocional y tienes gente a tu alrededor que solo critica, juzga, se queja continuamente, vive enojada o triste todo el tiempo, envidia, y acaba subiéndote al tren de la mala vibra.

- Fíjate también: qué metes en tu sistema a través de tu boca. Cuando estamos pasando por momentos de crisis, es muy común comer por ansiedad. Cuida lo que comes. Mientras más chatarra, alimentos procesados, azúcares y harinas estés ingiriendo, en general tu energía estará más pesada y tu cuerpo más ácido. Lo que no es bueno para tu salud ni te ayuda a mantener un equilibrio que te genere bienestar y te ayude en el proceso de Alquimia.

- Empieza a poner límites y sana distancia con lo que no te está ayudando a estar bien, busca más contenidos enriquecedores y acércate a gente que te posibilite estar en un mejor lugar emocional. Recuerda que cuando procuras tu propio bienestar le estás haciendo un favor al mundo.

7. MUEVE LA ENERGÍA:

Las emociones no expresadas tienden a estancarse en el cuerpo. Tanto por salud física, como mental y espiritual, haz actividades que te pongan en movimiento física y emocionalmente para sacudir esa energía, circularla, deshacerte de la que no es funcional y recargarte de energía vital.

Los animales, después de una descarga fuerte de adrenalina, se sacuden fuertemente todo ese estrés para poder regresar a un punto de equilibrio. No se nos olvide que nosotros también venimos del reino animal.

- ¡Mueve el cuerpo! Camina, corre, baila, nada, salta, haz el amor... ¡lo que sea que te guste! Asegúrate de tener TODOS los días un momento de movimiento consciente e intencional. No solo quemarás calorías, estarás ayudando a tu cuerpo a circular energía vital y neurotransmisores de bienestar por todas tus células.

- Canta (aunque sea en la regadera), pinta, toca algún instrumento (aunque sea el volante como tambor mientras manejas), haz alguna manualidad. Eso también mueve energía emocional y ayuda a expresar lo que puede estar atorado aún a nivel inconsciente, además de que te ayudará a relajarte y quizá sublimar las emociones que has estado conteniendo.

- Hazlo siempre con una intención clara: Mover la energía, desestancar lo estancado y recargar tu batería. Mientras lo haces, visualiza (en tu imaginación) cómo circula la energía por tu cuerpo y cómo tus células van llenándose de esa energía vital que las pone felices.

La vida es mejor bailando.

Cuando mi hijo Andrés cayó gravemente enfermo, yo tenía apenas un año de haberme separado y 3 meses de haber finalmente firmado el divorcio. Durante los quince años de relación con mi exmarido solo logré que bailara UNA vez, el día de nuestra boda, bajo amenaza de no casarme si no lo hacía. Yo AMO bailar. Para mi es una catarsis, me permite ser completamente yo, explayarme, soltarme el pelo, expresarme, mover mi energía y divertirme sin control... Pero elegí una primer pareja que le tenía una fobia inexplicable al baile y a quien, además, no le gustaba que yo bailara. Así que llegué al grado de perderle el gusto a los eventos con potencial de baile, porque siempre acababan en pleito.

En cuanto me divorcié, una de mis primeras acciones fue retomar mi gusto por el baile y me busqué unas clases de salsa. Yo era MUY feliz en la pista de baile todos los jueves en la noche... Cuando Andy enfermó y tuvo que estar hospitalizado en terapia intensiva por veinticinco días, me di cuenta que, si no me procuraba un espacio para re-abastecerme de energía y regalarme un poco de distracción y placer, no podría funcionar bien bajo tanto estrés. Sobre todo, porque quería estar bien anímicamente para él. Sabía que quería sentirme con ánimo positivo y toda la energía necesaria para sobrellevar lo que pasaba, así que a pesar de mi propio juez interno que me juzgaba por "Atreverme" a desconectarme del hospital una hora y media a la semana, decidí que permanecer en mis clases de salsa era cuestión de salud mental, y que si yo no estaba bien, Andy tampoco iba a estarlo.

A pesar de mis quejas, argumentos, peticiones, súplicas, evidencia científica, llanto, e incluso amenaza de reportarlo a los medios de comunicación, el hospital no me permitía estar con Andrés todo el tiempo. Imaginen a un pequeñín de menos de tres años, SOLO en un cubículo de terapia intensiva, lleno de tubos y mangueras que le entraban y salían por diferentes partes del cuerpo, con enfermeras y médicos circulando a su alrededor, picoteándolo, auscultándolo e invadiéndolo cada media hora y sin nadie que le explicara lo que le estaba pasando o le acompañara y le diera seguridad, ¡por veinticinco días! Únicamente me permitían verlo la hora de visita matutina, de las 6:00 a las 7:00 a.m. y la nocturna, de las 11:00 p.m. a las 12 y tocaba dividir ese tiempo con su papá. Eso, por lo menos, me dio la oportunidad de darme esas pequeñas "escapadas" a mi clase de salsa y regresar a tiempo para la visita, con nuevos bríos y un estado de ánimo más positivo. Definitivamente sacudirme y mover la energía haciendo algo para procurar sentirme bien, a pesar de las circunstancias tan adversas, fue vital para mí.

En otro momento más reciente de mi vida, decidí explorar la danza terapia y me ha resultado verdaderamente catártica y liberadora. La recomiendo ampliamente, aunque quizá tú tengas alguna otra forma de mover la energía que te llene y disfrutes más. El punto es que lo hagas.

Cuando te cambien la tonada o el ritmo... sigue bailando!
Cuando un paso te salga mal, aprende y... sigue bailando!
Cuando te caigas derrotado, levántate y... sigue bailando.
Cuando te canses, toma fuerza y... sigue bailando!
Cuando no te saque a bailar quien tú quisieras, párate solo y...
sigue bailando!
Cuando los giros del baile te mareen, recupera el equilibrio y...
sigue bailando!
Porque la vida es una danza, un baile constante... una fiesta a
la que tuviste el privilegio de ser invitado y que durará poco,
así que aprovecha mientras sigas aquí, disfruta y NO PARES
DE BAILAR!
-Sandy Mora

8. CAMBIA TU LENGUAJE CORPORAL:

Existen diversos estudios que demuestran que tu postura influye directamente en tu estado de ánimo. Un estudio realizado por la psicóloga social Amy Cuddy demostró que con solo 2 minutos de cambiar tu postura y tu lenguaje corporal, tu bioquímica y tu estado de ánimo cambian.

Una postura de poder, como pararte firmemente con las piernas ligeramente abiertas y los brazos en la cintura o en el aire como si mostraras tus músculos, liberará más testosterona en tu cuerpo y te hará sentir más confiado y seguro. Cuando sonríes, como lo platicamos anteriormente, liberas una serie de hormonas y neurotransmisores que te harán sentir de mejor humor.

Párate erguido, levanta la mirada, camina con pasos firmes y largos y muestra tu mejor cara, eso también ayudará.

9. CERRAR CICLOS:

¡SOLTAR! Cuántas veces no hemos escuchado esto de "Ya suéltalo", o "A otra cosa mariposa", o "Ya cierra el ciclo"... Cerrar el ciclo es parte del proceso de aceptación para poder seguir adelante con la vida.

Cuando algo terminó, hay que saber despedirlo para poder enfocar nuestra energía en lo que sigue. Esta es parte de la práctica espiritual en la vida cotidiana.

No te revuelques en los "¿Por qué?", eso simplemente desgasta y te mantiene en la resistencia e inconsciencia que, como ya vimos extensamente, no te permite lograr el proceso de Alquimia Emocional.

Cuando cierras un ciclo, permites que se abra uno nuevo, que haya avance, te permites seguir expandiéndote. Así que es importantísimo darle vuelta a la hoja y ¡soltar! Si no se cierra el ciclo, te estancas, te quedas atrapado en el eterno "sacarle la vuelta" al cierre, que te da el pretexto para seguir en el mismo rol de víctima y no tener que moverte de tu zona de confort. Entonces tu energía queda atrapada ahí en un bucle sin fin que puede volverse una espiral descendente hacia la depresión.

Cuando el ciclo no se ha cerrado, se vuelve un drenaje por el que se te escapa muchísima energía. Cuando cierras el ciclo recuperas energía, paz, sanas, creces, maduras y te liberas: Haces Alquimia Emocional

En realidad cerrar ciclos solo depende de la decisión de una persona: TÚ.

Puede ser que la otra persona con quien tienes el cierre pendiente te genere demasiadas emociones y prefieras evitar verla o confrontarla, o puede ser que la otra persona ya no esté en este plano y tú creas que no es posible cerrar ciclos inconclusos, pero existen muchas maneras de poder, aún así, cerrar.

La terapia psicológica, las técnicas de Gestalt, las constelaciones, los psicodramas, y también los rituales personales son herramientas de las que puedes echar mano para cerrar y soltar un ciclo que sigue pendiente.

En mi caso, cuando termino una etapa, momento o experiencia de vida, me gusta armar algún álbum de fotos o video con los momentos y personas importantes. También me gusta escribir al respecto o hacer un ritual de agradecimiento. De esta forma siento que honro lo que viví y a las personas que lo compartieron conmigo y que estoy lista para lo que sigue.

Cerrando ciclos con mi padre.

Como lo mencioné en el capítulo 2, la historia de mi relación con mi papá, por desgracia, no es poco común. Mis padres se separaron cuando yo tenía un año, a los dos años mi papá me trepó a su coche y me alejó de mi mamá sin permitirle verme por tres meses y luego de que mi madre me recuperó (anécdota digna de una novela de

espionaje), mi papá decidió que no volvería a buscarme jamás, ni para verme, ni para hablar conmigo siquiera por teléfono, ya no digamos para dar cualquier tipo de apoyo económico. Si yo quería verlo, yo tendría que buscarlo.

Así que fui yo quien por años lo buscaba periódicamente para verlo. Tenía que mendigar para pasar algo de tiempo con él porque SIEMPRE estaba ocupado. Los poquísimos fines de semana al año que lograba verlo, pasaba muy poco tiempo con él porque tenía cosas que hacer. Durante una época, me dejaba a cargo de su pareja con quien hice una linda relación y de quien luego nació mi única hermana a quien adoro.

Mi infancia la pasé así, "despadrada" y con un hueco enorme, que se hacía más profundo cada vez que lo veía. Por alguna razón siempre le tuve miedo, no cabe duda que los niños son pequeños pero no tontos. Él era un hombre violento física y psicológicamente y aunque a mí jamás me golpeó, ni vi que golpeara a nadie, toda su vibra se sentía así, agresiva.

Pero la necesidad de la figura paterna era mucha, y yo lo seguía buscando con la esperanza de que "Ahora sí" quisiera verme con gusto y pasara más tiempo conmigo.

Una noche, teniendo yo alrededor de 10 años, hubo alguna bronca por la que mi papá mandó a su pareja a dormir al cuarto de visitas (en el que yo me quedaba normalmente) y a mí me dijo que durmiera con él... Esa noche sentí uno de los miedos más profundos de mi vida. Hubo manos donde no debía haberlas y "toques" que no debieron ocurrir y lo único que pude hacer fue fingir que estaba dormida y no me daba cuenta. No estoy 100% segura si esa fue la única vez o si aún tengo bloqueados más recuerdos, pero sin duda fue una experiencia traumática que me ha acompañado toda la vida y, aunque ha sido motivo de trabajo terapéutico en varios momentos de mi vida adulta, hoy justo aquí en estas páginas, es la primera vez que lo cuento abierta y públicamente... Y es liberador.

A pesar de ese episodio, aún seguí buscando a mi padre por un par de años más hasta que nació mi hermana. Él ya se había separado de su pareja cuando supo del embarazo y le había prohibido verme... Afortunadamente, yo tenía una relación independiente con ella y mantuvimos contacto "en secreto" durante los meses de gestación.

Fue mi papá quien me llevó al hospital a conocer a mi hermana. Yo estaba extasiada con la realidad de por fin ser hermana mayor y fui al cunero a verla por primera vez. Cuando regresé a la habitación llena de júbilo supe que algo grave había pasado, pues la mamá de mi hermana estaba en un mar de llanto y mi papá simplemente me dijo: "¡Vámonos!".

Ese día decidí que no quería volver a verlo. Que construir una relación con mi hermana me era más importante que mantener la pésima relación que tenía con él.

Durante tres años no lo busqué, pero la necesidad de la figura paterna seguía latente y tuve el impulso de llamarlo para ver cómo estaba. Nos citamos en una cafetería Vip's para vernos. Yo tenía quince años y llevé a mi novio de ese momento pues no quería estar sola con él. Yo tenía tantas dudas, tantas preguntas, tanto enojo y cosas por decir y no pude, me paralicé. Fue un monólogo de hora y media de su parte y al final, se fue y no pude decir nada de lo que traía atorado... Esa fue la última vez que lo vi. Un par de veces hablé con él a los diecisiete y a los dieciocho por temas de pasaporte y papeles y jamás volví a hablar con él tampoco.

Diez años después de ese último encuentro, ya casada, regresé de trabajar una noche y tenía una serie de mensajes de mi mamá en la contestadora, pidiéndome que le llamara o fuera a su casa pues algo importante había pasado. Mi chango loco empezó a especular histéricamente que quizá algo le había pasado a mis abuelos o al esposo de mi mamá, o que quizá a ella le sucedía algo grave.

Llegué a casa de mi madre y me contó que había tenido curiosidad por saber de mi tía (la única hermana de mi papá con quien ella tuvo buena relación cuando estuvo casada, pero con quien yo tenía NULA relación). Aprovechando dicha llamada mi tía le dijo "Te tengo en mis pendientes hace años, qué bueno que me llamas, ¿te puedo pasar a ver?". El "pendiente" de mi tía era notificarnos que mi papá había muerto hacía TRES años.

"¡AH es eso!" dije aliviada soltando mi cuerpo en el sillón, "Pensé que algo de verdad grave estaba pasando"... Inmediatamente después de decir estas palabras sentí una ENORME culpa y tristeza de haber experimentado alivio de que no fuera alguien importante en mi vida quien había muerto... ¡Estábamos hablando de mi padre! Y yo no sentía que fuera una persona importante ni querida en mi vida... ¡Y me estaba enterando tres años después!... Eso es MUY triste. Esa noche lloré y lloré como magdalena toda la tristeza, abandono, desinterés, heridas, ausencias, culpas y la pérdida de la posibilidad y esperanza de algún día haber podido hablar y sanar la relación o por lo menos cerrar el capítulo de frente.

¿Por qué te cuento todo esto? Porque es el ejemplo más claro y doloroso que tengo de un ciclo que se tuvo que cerrar aún con la contra parte ausente. No tomó esa noche de llanto y ya... tomó varios años de psicoterapia, varias constelaciones, ejercicios de la silla vacía, catarsis y rituales para ir cerrando ese círculo TAN importante.

Y claro que dejó huellas que en algún momento tuvieron efecto en mis relaciones y que he tenido (y sigo teniendo) que trabajar. Pero hoy estoy consciente, me doy cuenta, me observo y hago los cambios necesarios aplicando las herramientas que en este libro te comparto.

Hoy por hoy no tengo ya ningún rencor. Siento una gran compasión por él, por su propia historia de vida (que tampoco la tuvo fácil y su padre también fue una figura totalmente ausente), sé que hizo lo mejor que pudo con los recursos personales y el nivel de consciencia que tenía, agradezco que pusiera el 50% para que yo naciera. Agradezco que se alejara porque, quizá inconscientemente, sabía que me haría más daño estando cerca, y agradezco que fuera el gran maestro que fue para que pudiera yo estar hoy aquí hablando contigo sobre resiliencia y Alquimia Emocional.

"No hay nadie menos afortunado que el hombre a quien la adversidad olvida, pues no tiene oportunidad de ponerse a prueba".
-Séneca.

10. RETA TU SISTEMA DE CREENCIAS:

Cuestiónate todo: juicios, creencias, puntos de vista, opiniones, programaciones y demás figuras mentales que te están limitando. Ponlo todo en tela de juicio. ¿Cómo saber cuáles son? Todas aquellas que te hagan ver tu circunstancia como problema, que te mantengan en la resistencia, que no te permitan moverte de donde estás y te hagan sentirte absolutamente agobiado con lo que te está pasando. Ábrete a la posibilidad de que las cosas pueden ser muy diferentes de lo que tus limitadas creencias te han hecho pensar. Date cuenta de que el Universo tiene miles de posibilidades distintas para que lo que estás viviendo cambie. Si te aferras a tus puntos de vista y creencias, será más difícil que rompas tus paradigmas y seas flexible ante la realidad que esta nueva circunstancia o crisis te plantea. ¿Por qué? Porque tus viejos paradigmas ya no son funcionales con tu nueva realidad.

Recuerda que el changuito loco de tu cabeza generó esos juicios con base en experiencias, percepciones e interpretaciones pasadas y los archivó diligentemente para después escribir en tu cabeza un guion para tu vida que correspondiera con ellos, pero ese guion es una

novela que se gestó en tu cabeza de cómo debería ser la realidad y, evidentemente, está en constante conflicto con la realidad externa, causándote sufrimiento.

Para expandirte, necesitas expandir tu mente y lo que crees que es posible. Si no estás abierto y flexible a cambiar tus paradigmas, no esperes que la Alquimia se logre.

Un Alquimista Emocional está constantemente abierto a las posibilidades y no se casa con ningún juicio absoluto de nada. Solo así puede encontrar los regalos ocultos y abrirse a la experiencia para que ésta lo transforme.

Cómo Retar tus creencias y romper tus miedos.

Estos pequeños tips te ayudarán a poner a tu cerebro en jaque, obligándolo a pensar de formas diferentes a como lo hace con regularidad, abriendo la posibilidad a que puedas ver las cosas desde otro punto de vista, rompiendo tus antiguos paradigmas:

El "¿Y si...?":

¿Qué pasaría si las cosas fueran totalmente diferentes a como tú crees? Juega con la posibilidad. Cada vez que te caches emitiendo un juicio absolutista sobre algo pregúntate: "¿Y si fuera totalmente lo contrario?".

Si tiendes a ser de los que siempre se imagina el peor de los escenarios, agrega el "Y si..." antes. Por ejemplo, Si te cachas pensando: "Estoy en un problema enorme, no voy a poder salir de ésta", vuelve a frasearlo a la inversa, como pregunta y agregando el "Y si...", "¿Y si este no fuera en realidad un problema y se resolviera?

Hacer el cambio en tu forma de verbalizarlo también generará un cambio en las redes neuronales de tu cerebro, pues le estás mandando información de que hay otros caminos.

El poder del "Aún" para mantener TODAS tus opciones abiertas:

La palabra "Aún" también tiene un poder grande en ayudarnos a cambiar el punto de vista de juicios y opiniones que nos pueden estar impidiendo encontrar caminos de acción para solucionar nuestra adversidad.

Cuando te caches emitiendo juicios de valor absolutos, haz una pausa y re-fraséalos agregando la palabra "aún". Por ejemplo: "Esta situación requiere que yo sepa llevar un buen control de mis finanzas y yo no sé hacerlo". Siente cómo cambia la energía cuando lo refraseas de la siguiente forma: "Esta situación requiere que yo sepa llevar un buen control de mis finanzas y no sé hacerlo **aún**".

El "Aún" implica que existe la posibilidad de que puedas aprenderlo, dejando entonces la puerta abierta a soluciones que retan tu "status quo" y te expanden.

¿Qué más es posible? y ¿cómo puede mejorar esto? :

Una herramienta que yo he encontrado sumamente útil para ayudar con este punto, son un par de preguntas que en Access Consciousness® se utilizan muchísimo para mantener la mente y la energía abierta a las posibilidades: ¿Cómo puede mejorar esto? Y ¿Qué más es posible?. La idea es dejar las preguntas abiertas, no tratar de contestarlas en ese momento con la mente racional, pues ésta recurrirá a los archivos de nuestros paradigmas y experiencias previas para contestar, y de ahí no saldrán nuevas ideas. El simple hecho de dejar la pregunta en el aire cada vez que te suceda algo que tú juzgues como malo o también como bueno, te da permiso de recibir una respuesta nueva y diferente en el momento y forma que llegue.

Existen muchas otras herramientas que ayudan a este punto de desmantelar las creencias y paradigmas limitantes, por supuesto, mi recomendación es que tú busques la que a ti te funcione. La invi-

tación es a permanecer abierto y flexible. Recuerda que tu forma de ver las cosas es solo eso, una de tantas formas de verlas... si esa visión ya no te hace sentir bien, ¡cámbiala!

> *"Las palabras crean mundos y nuestro foco*
> *crea nuestra realidad"*
> Tal Ben-Sahar.

11. APRENDE A HACER LAS PREGUNTAS CORRECTAS:

Saber hacer las preguntas correctas es una herramienta fabulosa para poder empezar a encontrar alternativas totalmente diferentes de pensamiento y acción.

Las preguntas que te haces inciden directamente en tu estado de ánimo y en cómo vives tu realidad. Las preguntas que normalmente nos hacemos cuando estamos metidos en una situación adversa o no grata como: ¿Por qué a mi? ¿Cómo voy a salir de esto? ¿Por qué ahora? ¿Qué voy a hacer? ¿Quién podrá ayudarme? ¿Por qué esta persona no me respeta? ¿Por qué soy tan inútil? ¿Por qué siempre todo me sale mal? Normalmente nos ponen en un lugar que nos desempodera y son preguntas que generalmente se sienten pesadas y generan más angustia.

En cambio una buena pregunta tiene el poder de ayudarte a encontrar nuevos caminos. Preguntas como:

¿Qué hay de bueno en esto que no me he dado permiso de ver y que si lo viera me sería mucho más ligero?

¿Qué actitud debo tomar para fluir lo más fácilmente posible ante esta situación? ¿Qué contribución puede llegar a ser esta circunstancia en mi vida?

¿Qué regalo voy a obtener de todo esto?

¿Qué recursos tengo para hacer frente a esto?

¿Qué evidencias tengo de que sé resolver problemas?

¿A quién puedo recurrir para que me ayude a encontrar posibles soluciones?

¿Qué nuevas habilidades voy a desarrollar para resolver esto?

Las preguntas abiertas y en positivo definitivamente te abrirán la posibilidad de encontrar respuestas muchísimo más funcionales y que se sientan más ligeras y empoderantes. Hazte consciente de tu diálogo interno y plantéate mejores preguntas para poder encontrar mejores y más productivas respuestas.

12. UN DÍA A LA VEZ:

Mi mamá lo dice bien: cuando estás en una situación de cambio, conflicto o incertidumbre, dale "A cada día su afán".

Conéctate en el aquí y en el ahora, sin estar reviviendo y sufriendo el pasado, ni temiendo por el futuro. El exceso de pasado puede generar nostalgia, depresión y enojo; mientras que el exceso de futuro genera mucha angustia y ansiedad frente a lo desconocido. ¿Para qué te estresas de lo que ya pasó si no lo puedes cambiar y para qué te estresas de lo que no ha pasado aún? Mejor enfócate en lo que sí puedes hacer en ESTE momento para estar bien.

Un Alquimista emocional sabe que lo único que tiene para trabajar es el momento presente.

Esta lección fue sumamente rápida y contundente cuando Andrés cayó en terapia intensiva. El parte médico cambiaba varias veces al día y podía fluctuar desde "Está respondiendo positivamente", hasta un: "No creemos que pase la noche" en cuestión de unas cuantas horas. A pesar de mi predominante tendencia controladora, aprendí que un "por el momento está estable" era una frase maravillosa y que lo que pasaba en ESTE momento era en lo único en donde yo podía incidir de alguna manera con mi actitud,

mis decisiones y mis acciones. Además, en ambas experiencias hospitalarias (la de Andrés y mi cáncer), aprendí que hay que aprovechar y exprimir el momento presente porque no sabes qué puede pasar mañana. La vida tiene significado cuando el futuro se relaciona con vivir el presente.

Cuando estés frente a un suceso que te dispare la obsesión por entender el pasado o la ansiedad por la incertidumbre del futuro, simplemente respira y repite cuantas veces sea necesario; "Aquí y ahora, un día a la vez" y pon manos a la obra con lo que sí puedes hacer en ESTE momento, nada más.

13.TOMA PEQUEÑAS DECISIONES:

A pesar de que ya hablamos en particular del ingrediente de la DECISIÓN en la fórmula de la Alquimia Emocional para transformar tu adversidad en oro molido para tu crecimiento, no está de más mencionar aquí que el hecho de ir tomando pequeñas decisiones de forma cotidiana es una herramienta adicional en el proceso que fortalece nuestra resiliencia.

La indecisión y la duda nos paralizan, nos estancan y nos hacen sentir frágiles y temerosos. Para combatir esto, la recomendación es: TOMA DECISIONES. No importa que no sea la decisión correcta. Una decisión mal tomada es muchísimo mejor que una duda estancada eternamente. Recuerda, en esta vida o se gana o se aprende, así que tomar decisiones SIEMPRE te moverá hacia adelante.

Tomar decisiones nos ayuda a fortalecer lo que en psicología se llama "locus de control interno" que quiere decir que tenemos una sensación interna de que podemos controlar nuestras propias decisiones para incidir en el entorno. Que tenemos autodeterminación y voluntad. Esto, claramente, te generará auto-confianza.

Estudios de UCLA encontraron que tomar decisiones activamente genera cambios en los circuitos de atención del cerebro, activando procesos de creación de intenciones y planteamiento de metas, lo que reduce la preocupación y la ansiedad.

Si estás aún dudoso, la ciencia también sugiere que no importa la decisión que tomes, el cerebro tenderá a evaluarla positivamente, esto es que no solo elegimos las cosas que nos gustan, sino que también hacemos que nos gusten las cosas que elegimos.

En algún momento escuché a Tony Robbins decir que lo que nos da felicidad en la vida es el sentido de progreso, la sensación de que avanzamos, que crecemos. Y es totalmente cierto. Cuando nos estancamos, nos deprimimos. Cuando avanzamos nos energizamos. Tomar decisiones es avanzar, así que empieza a ejercitar esta capacidad de tomar decisiones aún con las cosas más pequeñas e insignificantes que te sucedan. Y si el resultado no es lo que esperabas, recuerda que SIEMPRE puedes elegir algo diferente.

Para indecisos:

- Ten claro tu GPS interno y escucha a tu intuición.

- ¿Qué decisión te acerca más a sentirte como te quieres sentir?

- ¿Qué decisión se siente más ligera en el cuerpo cuando la piensas?

- ¿Qué decisión traerá más beneficios a mediano y largo plazo?

-¿Cuál de las opciones, si de repente te dijeran que ya no es opción, te dolería más perder?

- ¿Cuál tiene la mejor relación costo/beneficio?

- ¿Cuál crees que es de la que más te arrepentirías si no la tomas?

- Si no es nada tan importante, simplemente elige una o lanza una moneda al aire ¡Pero decide! Empieza practicando con pequeñas decisiones, como el sabor de tu helado o el restaurante en el que quieres comer... poco a poco irás ejercitando tu toma de decisiones.

14. APRENDER A PONER LÍMITES SANOS Y SER ASERTIVO:

En nuestra cultura judeo/cristiana mestiza y latina, con mucha frecuencia es mal visto el decirle a alguien que NO. Se percibe como rudo, mal educado, poco amable... Fuimos educados en el "Mande Usted" y el "Sí, cómo no". Muchas veces, aunque no estemos totalmente convencidos de algo, no expresamos nuestra inconformidad y permanecemos callados, "dejándonos" para no hacer olas. Esa es la triste historia de los países que vivieron oprimidos muchos siglos.

Habiendo trabajado en Publicidad y Mercadotecnia, aprendí que incluso para estudios de mercado, hay que tomar con reservas las respuestas del mercado hispano o latino pues hay un margen de error mucho mayor dada la tendencia a ser complacientes y decir que todo nos gusta, a diferencia de los Anglosajones, que son, en general, bastante más directos y asertivos al mostrar su disgusto o desacuerdo. Nosotros tendemos a ser como "Jarritos de Tlaquepaque" y cuidamos que el otro "No lo vaya a tomar a mal" y que no se moleste.

Pero un Alquimista Emocional sabe expresarse de forma asertiva y clara. No es grosero ni hiriente, busca el momento adecuado, pero no se calla cuando tiene algo que es importante expresar, ni permite que le pasen por encima. Sabe poner límites.

El cardiólogo sin corazón.

Los primeros tres días que Andrés estuvo en terapia intensiva, lo tuvo que valorar un cardiólogo, pues tenía un grave edema (inflamación) cardiaco por la enorme retención de líquidos causado por la falla renal durante tanto tiempo. El panorama que nos pintó y la forma en la que nos lo dijo fue aterrador: el corazón de Andy estaba tan inflamado y grande, que el pericardio (la capa externa del corazón) se había estirado como una liga y había perdido su elasticidad, esto quería decir que ya prácticamente no tenía fuerza para bombear y que, entonces: "El trasplante renal será el menor de sus problemas, pues requerirá primero de un trasplante de corazón, y si no consiguen un medicamento especial en ESTE momento (el cuál no tenía el hospital ni ningún otro hospital o farmacia en Querétaro), la situación se agravará aún más y difícilmente podrá sobrevivir".

Se podrán imaginar la impotencia, dolor y miedo que una noticia así puede provocar. Encima de ese tsunami emocional, había que conseguir el medicamento en algún otro estado de la república y que nos lo hicieran llegar DE INMEDIATO para tratar de salvar su corazón. El medicamento era ridículamente caro y yo aún estaba en el proceso de entender todo el trámite que tenía que hacerse con la aseguradora. Todo era caos y mucha angustia.

El susodicho médico, aún viendo la desesperación en la que estábamos por conseguir el medicamento y el dinero para comprarlo, tuvo a bien solicitar sus honorarios en ese momento. Cuando le pedí que lo hiciéramos a través del seguro, en cuanto hubiéramos encontrado el medicamento, su respuesta fue tajante y molesta "Yo no trato con los seguros, a mi págueme en este momento y ya después se hace usted bolas"... Su tono, su trato, su falta de empatía, todo en él me gritaba, "Mándalo al carajo", pero en sus manos tenía la vida de Andy. Después de un momento para poder contener mi ira, decidí que no podía, ni quería, a una persona así cerca de mi hijo y de mí en ese momento. Busqué a la pediatra y le conté lo sucedido solicitándole que nos ayudara a conseguir otro cardiólogo pediatra en calidad de urgente.

Pudieras decir que el médico supo poner sus límites y ser asertivo... límites, sí y estaba en su derecho de pedir el pago. Pero su forma de hacerlo, más que asertiva, fue agresiva, grosera, poco empática, y sin ninguna consideración por el otro. El momento llamaba a otro tipo de actitud totalmente. Eso no es ser asertivo ni

alquimista, eso es ser un auténtico desalmado y con el tacto de un hipopótamo.

Quien le puso el límite diciéndole que en ese instante la prioridad era pagar el medicamento y que con mucho gusto dejara su recibo en caja cambiando de médico inmediatamente, fui yo.

Para ejercitar el músculo del "NO":

1. Empieza por cosas sencillas. Como con el ejercicio de las decisiones. Si alguien te ofrece la opción A y tú quieres la B, ¡dilo! "No, gracias, prefiero la otra".

2. Una vez que estés conectado con tu GPS interior y aprendas a escuchar mejor a tu cuerpo, te será fácil detectar cuándo necesitas poner un límite. Percibirás cómo empiezas a sentir enojo. El enojo es la emoción que nos ayuda a saber qué está haciendo falta poner un límite y decir que no. Respira para no explotar, hazte consciente de qué es lo que te está molestando, obsérvate y elige la respuesta más adecuada para lograr el resultado que te haga sentir más ligero.

3. No discutas los "hechos", esos son siempre debatibles porque cada uno tendrá su perspectiva. Habla desde tu sentir. "Esto que tú hiciste, a mi me provocó este sentimiento. Te voy a pedir que no lo hagas por favor."

El cómo te sentiste NO es discutible. Así te sientes, es tu reacción interna a cómo percibes el hecho y tienes todo el derecho de buscar sentirte mejor.

CAPÍTULO 9

DÁNDOLE SENTIDO AL CAOS

ENCONTRANDO EL PARA QUÉ

Quizá me dirás "Está bien, pero ¿qué hago con todo eso que aprendí o gané al aceptar mi crisis y hacer alquimia?"

La primera y obvia respuesta es: ¡VIVIR MAS PLENO Y CONSCIENTE!

Ese es tu primer "Para qué" y uno de los grandes regalos: Poder vivir la vida con gracia y gozo.

¡Pero se puede hacer aún más!

"Los placeres hedonistas son como calorías vacías: no aportan nada. Todo indica que, a nivel celular, respondemos positivamente a un bienestar psicológico basado en la conexión y el propósito"
-Barbara Frederickson.

¿Qué tal si decides hacer de tu "desastre", tu mensaje y tu misión?

Eso hicieron todos los personajes que te mencioné en el capítulo de la Aceptación: Mandela, Malala, Oprah, Frankl, etc. Y aunque quizá creas que es pretencioso compararte con ellos, abraza la sensación de trascender y ser parte de la historia de alguien más.

Tú puedes ser referente para alguien más que esté pasando por un momento similar en el futuro. Tú puedes ser un agente de cambio positivo.

Somos seres movidos por el propósito, cuando lo encuentras se vuelve la llave para abrir cualquier puerta en tu vida.

La propuesta es: Utiliza eso que te sucedió y ponte al servicio de algo más grande que tú. El mayor regalo de tu adversidad y el aprendizaje que adquiriste gracias a ella, te llegará al ponerlo al servicio de los demás, porque el servicio es un nutriente para el alma. Ser fuerte por otros te dará más fuerza. Es un combustible que te da sentido de vida, propósito, trascendencia.

> *"Si existe realmente algo que permite a los hombres mantenerse en pie en las peores circunstancias y condiciones interiores y afrontar así aquellos poderes del tiempo que a los débiles les parecen tan fuertes y fatales, es precisamente el saber a dónde va, el sentimiento de tener una misión".*

— Viktor Frankl.

Al poner tu adversidad al servicio de otros, cambias la percepción de tu historia y recuperas cierto sentido de control sobre tu vida. Te ayuda a sobreponerte y te da otros puntos de vista. No te quedas pasivamente "sufriendo las consecuencias" de lo que sucedió o solitariamente a meditar sobre lo que aprendiste, sino que proactivamente te dispones a hacer algo con ello. Hacerlo, de

alguna manera, te da la sensación de que puedes influir sobre lo que ya te sucedió. Esto te empodera y aumenta tu Autoconfianza y tu Fe.

Aunque nadie experimenta en cabeza ajena, el que tú seas para alguien más ejemplo y referente de que se puede sobreponerse a una situación como la que viviste, le das esperanza, ejemplo y permiso de creer en su propia posibilidad de salir adelante.

Existen diversos estudios que han comprobado que dar genera felicidad y bienestar, aún más que recibir. También se ha comprobado que tener un sentido de motivación y trascendencia te beneficia a nivel genético y ayuda a la producción de anticuerpos.

Saber que tus acciones tienen un efecto positivo en otros, tener una tarea y sentirte útil genera bienestar en todos los sentidos.

Poner tu adversidad, y lo que aprendiste en ella, al servicio de otros que pueden estar pasando por lo mismo, te da la oportunidad de ser compasivo, ayudar y de mejorar un poco el mundo, pero además ¡es bueno para tu salud!

Pregúntate: ¿Qué contribución puedo ser para el mundo y para quienes viven situaciones similares a la que yo viví? Y luego ábrete a ver a tu alrededor el universo de posibilidades que tienes para serlo.

No te resistas a encontrar tu propósito solo por miedo de tener que dejar totalmente lo que estás haciendo el día de hoy. Tú decides cuál será ese propósito, y una vez que tengas claro cuál es, el cómo se irá manifestando. ¡Dale permiso!

Y si aún estás en medio de la crisis y no alcanzas todavía a ver completamente cuál es tu aprendizaje o propósito, ponerte al servicio de los demás también es una herramienta útil para fortalecer tu resiliencia. ¡Inténtalo!

Da más miedo vivir una vida sin sentido, que morir.

La necesidad de retribuir.

Después de los sucesos de la enfermedad de Andy y mi cáncer, de todo lo aprendido, pero sobre todo, de todas las bendiciones y regalos recibidos, quedó en mí una necesidad imperante de poder de cierta forma "pagar el favor" y hacer yo algo por otras personas.

El Universo respondió rápidamente a esa necesidad, acercándome a gente que necesitaba algún tipo de apoyo. Empecé a recibir llamadas de gente que me decía "Sandy, a mi hermana le acaban de diagnosticar cáncer y quisiera que platicara contigo. Tu experiencia y la forma en que sobrellevaste y superaste la enfermedad me parece que le puede ayudar"... o "Sandy, a mi cuñado le acaban de diagnosticar falla renal y que necesitará un trasplante. Podrías platicar con él un poco de tu experiencia con Andy?"...

Desde hacía muchísimos años, yo tenía la inquietud de estudiar la maestría en Desarrollo Humano, simplemente por gusto, pero siempre había una "buena" razón para no hacerlo en ese momento: No hay dinero, nació el primer hijo, hay mucho trabajo, nació el segundo hijo... Cuando empecé a recibir todas esas llamadas pidiéndome apoyo, encontré no una buena, sino una MARAVILLOSA razón para ahora SÍ estudiar la tan anhelada maestría: Me serviría para poder acompañar a las personas más allá de solo contarles mi anécdota personal. Sería una herramienta para ponerla al servicio de otros y poder retribuir al mundo de alguna forma tantas bendiciones y la salud recuperada de mi hijo y mía.

Y fue así que empecé este camino del Desarrollo Humano y el acompañamiento en procesos de crecimiento personal con talleres vivenciales y conferencias. Desde entonces surgió la idea de escribir un libro respecto a mis experiencias, pero no adquirió forma hasta varios años después, cuando tuve perfectamente clara la fórmula de esto que yo llamo la "Alquimia Emocional".

Fue también en esos inicios que estuve muy involucrada por un tiempo en la organización de recaudación de fondos para ayudar a

personas con enfermedades crónicas a través de corredores y carreras. Fue ahí donde conocí a uno de mis grandes maestros en esto de encontrar un propósito y ponerse al servicio: Lalo López, quien acuñó una frase que me inspira todos los días: **"No se trata de alargar la vida, sino de ensancharla".**

Algunas formas de ponerte al servicio:

1. Practica la Compasión (sentir el dolor del otro y hacer algo para aliviarlo), la Generosidad (Ofrece más de lo que se espera de ti), y el Altruismo (buscar el bien de los demás sin esperar nada a cambio).

2. Mira a tu alrededor, siempre habrá a quien le caería bien que le echaras una mano de alguna forma con tu experiencia, que le regalaras un poco de tu tiempo y escucha o le dieras una palabra de aliento.

3. Sé empático, conoce y entiende la situación particular del otro para poderlo ayudar de forma más eficiente.

4. ¿Para qué eres bueno? Usa ese don o facultad y ponlo al servicio de alguien más.

5. Busca alguna causa, labor social o ambiental (ya sea que esté relacionada con tu adversidad superada o no) que te inspire. Involúcrate como voluntario y apóyala regularmente.

6. Si sientes el llamado interno, inicia tu propio movimiento, asociación o grupo de ayuda y proactivamente genera procesos y estructuras para ayudar de forma más metódica y consistente.

7. Asegúrate de cuidar primero de ti mismo. Mientras mejor estés tú, más tendrás para dar a manos llenas. (ojo: si no te procuras primero estar bien tú, lo que estarás buscando con tus acciones será reconocimiento y terminarás resentido).

Haz que tu presencia haga la diferencia para otros y deja tu metro cuadrado de influencia mejor de como lo encontraste.

"En realidad no importa lo que esperamos de la vida, sino lo que la vida espera de nosotros".

-Viktor Frankl.

CAPÍTULO 10

PONTE EN ACCIÓN

TRANSFORMA TU ENTORNO

HAZ LO QUE DICES QUE VAS A HACER.

"De buenas intenciones están llenos los panteones"
-Refrán popular.

Ya hablamos de la importancia de tomar la DECISIÓN de no quedarte como víctima y de sí convertirte en un Alquimista Emocional. Hablamos también de todos los componentes de la fórmula de la Alquimia Emocional y las herramientas adicionales para que vayas fortaleciendo tu capacidad resiliente y tus músculos de Alquimista.

En el capítulo anterior, hablamos de que esta adversidad y tu forma de sobrellevarla pueden incluso llegar a convertirse en algo que le dé sentido y propósito a tu vida, poniéndolo al servicio de otros.

De lo que te quiero hablar ahora, es de la importancia de no quedarte en la teoría, la intención y la "idea de...", sino de la trascendencia de verdaderamente arremangarte y ponerte a HACER.

Cada vez que tienes la idea o intención de hacer algo, pero no lo llevas a la acción, se muere un pedacito de tu voluntad... Cuando dices y no haces, te estás quitando poder, te estás poniendo en una situación de auto-sabotaje y perdiendo credibilidad contigo mismo, lo cual mina tu propia auto-estima y te mantiene estancado o te mete en una espiral descendente.

Puede haber mil razones (pretextos) para no accionar. Yo misma, con este libro, tuve muchas excusas para procrastinar y auto-sabotajes inconscientes para dejarlo a medio escribir por casi cuatro años, mismos en los que MUCHO en mi vida efectivamente se estancó. Tuvo que venir un nuevo jalón de tapete para que mi voluntad se despabilara con tres cachetadas guajoloteras y consiguiera la inercia que necesitaba para poder terminarlo. Estoy convencida de que esta inercia traerá cosas muy positivas a mi vida e, idealmente, a la de muchas personas a quienes les resuene este mensaje (espero que tú estés entre ellas).

No dejes pasar más tiempo. ¡Haz lo que dices que vas a hacer!. Cada vez que tomas una decisión, por pequeña que sea, y la llevas a la acción, estás robusteciendo tu voluntad y tu auto-estima y abriendo el camino para que las cosas fluyan mejor en tu vida.

¡Ojo! La recomendación es que lo que hagas esté alineado con lo que dices, piensas y sientes. De esta manera tendrás coherencia interna, integridad y generarás mucha mayor confianza en la gente que te rodea.

Cuando tú te pongas en acción de esta forma, serás ejemplo y abrirás la posibilidad de que otros lo hagan también.

Ponerte en acción implica involucrar al cuerpo. Cuando tienes la idea de hacer algo, o la teoría de cómo se hace, está ahí, a nivel mental, en el "Éter" y ahí se puede quedar eternamente. No es sino hasta que la bajas a una acción con el cuerpo, que en verdad la materializas y le empiezas a dar realidad concreta. Cuando lo haces, involucras todos tus sentidos y generas emociones que, a su vez, generan vibraciones positivas que son retroalimentadas por tu entorno. Así es como se produce la verdadera transformación. Así es como se manifiesta tu evolución. Así es como se transforma el mundo.

En resumen:

1. Sé fiel a tu palabra. Estarás siéndote fiel a ti mismo y esto reforzará tu auto-confianza y tu credibilidad también frente a los demás.

2. El ingrediente mágico es la ¡DECISIÓN!

3. Da el primer paso y rompe la inercia! Eso es lo que requiere la mayor cantidad de energía, pero una vez que empiezas, la inercia positiva te impulsará hacia adelante.

4. Se congruente entre lo que piensas, sientes, dices y haces. Ahí radica tu verdadera zona de poder y es lo único que tú en realidad controlas. Si te haces responsable de eso, lo demás fluirá mucho más fácilmente.

El ejemplo en los hechos arrastra mucho más que las palabras, a las que se lleva el viento. Como dice Nicko Noguéz **"HACER is the new decir"**.

Y como lo decía mi querido Lalo López **"Eres una historia de éxito esperando ser contada"**

Decide qué te hace feliz, decláralo y ¡¡¡HAZLO!!!

CONCLUSIÓN:

"La última de las libertades humanas es la habilidad de elegir la actitud ante distintas circunstancias".
-Viktor Frankl.

Cuando decides, avanzas...

Cuando aceptas, transformas...

Cuando agradeces, atraes...

Cuando tienes fe, sucede...

Cuando actúas desde el amor, todo fluye.

De corazón espero que este libro te haya dejado una nueva perspectiva y la posibilidad de intentar una nueva actitud frente a las circunstancias adversas que la vida te presente.

Esas circunstancias implican cambio y en el cambio siempre se gesta tu expansión. A veces es doloroso y genera miedo e incertidumbre. Igual que un parto natural, que es caótico y a veces un poco sangriento, es parte del proceso natural de la vida.

Siente las contracciones de este "parto" hacia una nueva versión de ti mismo, pero no te concentres en el dolor que provocan... RESPIRA y pon tu atención en el milagro que esas contracciones están ayudando a nacer en tu vida.

La fórmula de la Alquimia Emocional y las herramientas adicionales de resiliencia que aquí mencioné ¡funcionan! Lo sé de primera mano, lo corroboran estudios que se han hecho en diversas universidades por todo el mundo desde hace ya más de 40 años para encontrar las características de la gente resiliente, y lo sigo corroborando consistentemente en mi vida y la de quienes la aplican, transformando su adversidad en oro molido de crecimiento.

Sin embargo, si a pesar de intentarlo te encuentras atorado crónicamente, con dolor emocional que no cesa, o no entiendes qué te está impidiendo moverte hacia donde quieres, por favor busca ayuda profesional. No quiere decir que estés loco, quiere decir que quizá hay mecanismos inconscientes muy arraigados que necesitas abordar desde otros puntos de vista también. Recuerda que un buen alquimista es también humilde y sabe pedir ayuda.

Un alquimista Emocional tiene lo que Carol Duec llama una "Mentalidad de crecimiento" con la que afronta con gusto los retos, agradece el proceso de crecimiento y aprende de los errores. Esa es una mente resiliente.

Si huyes del error o del reto, tu cerebro no trabaja. Cuando ves al reto como una oportunidad, el cerebro se enciende, se ejercita, busca soluciones, se re-cablea de una forma más funcional para ti. Está en tus manos mover el switch de tu percepción de las circunstancias. Mientras más rápido lo enciendas, más rápido cambiarán las cosas para bien.

Ser Alquimista Emocional es un oficio que nunca termina. Se vuelve parte de una filosofía de vida y una forma de enfrentar todos y cada uno de los retos que se te presenten.

La vida es un continuo de sucesos que nos mueven constantemente. De olas que vienen y van, y el Alquimista domina el arte de surfear en ese océano.

En este preciso momento, mientras escribo estas líneas, una nueva serie de tsunamis golpea mi vida. Y a pesar de que aún estoy desorientada por la revolcada, con el bikini de sombrero, sal en los ojos, medio atragantada, rodillas raspadas y mucha arena en los calzones, puedo decir con gratitud "¡ESTOY VIVA!".

Hoy sé que tengo las herramientas y la práctica suficiente para hacer Alquimia Emocional. Acepto la sacudida aunque me duela profundamente. El quedar nuevamente desempleada y separarme de mi segundo esposo podrían ser la estocada para lanzarme al pozo más oscuro de la depresión, al libro Guiness de la vida más llena de baches, o a poder poner en práctica mis propios aprendizajes para hoy decirte: ¡SÍ FUNCIONA! Y catapultarme a una nueva etapa de mi vida que me espera llena de bendiciones. Agradezco las nuevas lecciones y los regalos que ya estoy recibiendo (como el tiempo y enfoque para por fin terminar este libro) y la increíble familia y red de amistades que están a mi lado; tengo muchísima fe y certeza en que Dios me sostiene y en que yo ya sé cómo volverme a subir a la tabla para seguir surfeando y celebrando la vida TODOS los días.

Como escuché decir al autor Español Albert Espinoza, quien durante los 10 años batalló contra el cáncer y perdió una pierna, un pulmón y parte del hígado: "No existe la felicidad, pero existe ser feliz cada día".

Recuerda: No esperes un resultado positivo si estás partiendo de una actitud y un estado emocional negativo. Primero, permite que la emoción sea, fluya y se libere. Luego, DECIDE y cambia la energía. Eso es hacer Alquimia Emocional.

La mayoría queremos cambiar las cosas que nos afligen o lastiman, pero lo hacemos desde la queja, el desgano, la desilusión, la frustración, la inseguridad, el miedo, la incredulidad y el enojo. Y ¿sabes qué es lo que sucede? Que lo único que logramos es más de lo mismo.

La ley de la atracción funciona así: Lo que vibras y sientes (tu estado emocional actual), es lo que obtienes. El Universo solo sabe decir ¡SÍ! Y reafirma la energía que ya traes contigo. ¿Te sientes inseguro, molesto o enojado con lo que te está sucediendo? ¿Adivina qué vas a obtener? Somos víctimas de nuestras propias emociones negativas y, si no logramos hacernos conscientes y romper el ciclo haciendo Alquimia Emocional, difícilmente vamos a lograr resultados diferentes.

Recuerda siempre la fórmula:

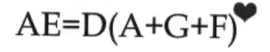

$$AE=D(A+G+F)^{\heartsuit}$$

DECISIÓN multiplicada por ACEPTACIÓN + GRATITUD + FE, elevado a la potencia del AMOR.

"Una persona puede ser feliz mientras confronta la vida de forma realista y trabaja productivamente para mejorar las condiciones de su existencia... esa gente da por hecho un cierto grado de esperanza, amor, gozo y confianza porque son las condiciones que le permiten seguir viviendo. Estas condiciones son fundamentales para la existencia y, si están presentes, cualquier número de obstáculos objetivos puede enfrentarse con ecuanimidad e incluso alegría".
- Seligman y Csikszentmihalyi, 2000, 13

Deja de buscar afuera lo que solo podrás encontrar dentro de ti.

Deja de buscar razones, justificaciones o culpables, ¡hazte radicalmente responsable!

Deja de buscar salvadores, suerte y oportunidades, ¡descubre tu propio potencial, fuerza y capacidad creativa y resolutiva! Conviértete en un verdadero Alquimista Emocional.

Tienes en ti todo el potencial para lograr grandes cosas en tu vida, y no me refiero necesariamente a grandes empresas o premios, sino a grandes aportaciones a los tuyos, grandes cantidades de amor, grandes relaciones, grandes satisfacciones. No importa cómo arrancó tu historia, lo que te ha ocurrido o lo que te está ocurriendo en este momento. **Siempre puedes decidir escribir un mejor final**. Un mejor final para esta crisis que estás viviendo, un mejor final para una actitud pesimista o de víctima; un mejor final para este capítulo de tu vida. ¡Tú decides!

El mayor compromiso que tenemos, con nosotros mismos y quienes nos rodean, es el de seguir nuestro proceso de evolución, crecimiento, aprendizaje y consciencia. Solo así avanzamos para ser una mejor versión, mejores seres humanos. Somos una obra en proceso... **Jamás te consideres producto terminado. Ten la humildad de seguir aprendiendo y acrecentando tu potencial de ser agente de cambio de tu propia vida y la de otros.**

Lo que deja de crecer y florecer empieza a morir. Pasa en la naturaleza y pasa con el ser humano. No importa tu edad, mientras tengas actitud de mejorarte continuamente como persona y pongas entusiasmo en lo que haces, estás VIVO en toda la extensión de la palabra. ¡No permitas que la apatía o el miedo te impidan crecer! ¡Más bien utiliza tu adversidad, esa "mierda" apestosa que la vida te lanzó, como el abono necesario para nutrir la tierra, fortalecer tus raíces y florecer en todo tu esplendor!

Decide: ¿Irás por la vida lamentándote constantemente? ¿o irás por la vida con curiosidad de encontrar los "Para qué" y el sentido de todo lo que te pasa y con gratitud por lo que eso aporta a tu vida?.

¿Vas en el carrito de la montaña rusa con cara de horror? ¿O vas con los brazos en el aire y gritando de emoción? Lo que elijas, hará toda la diferencia entre atravesar este valle de lágrimas cargando tu cruz mientras te quejas, o vivir la vida como una aventura interesante, emocionante, enriquecedora y gozosa.

Lo que te va a ayudar, no es el hecho de simplemente haber leído este libro, sino el hecho de que lo leído haya cambiado en algo tu manera de ver la adversidad, de forma que puedas vivir los retos más positivamente y eso te lleve a ACTUAR y vivir tu vida de un modo más pleno y feliz. Ese es mi deseo para ti. Ese es mi propósito y misión: que aprendas a practicar el arte de la Alquimia Emocional para que te vuelvas más resiliente.

"La resiliencia personal, consiste en tener la capacidad de afrontar el sufrimiento, reconstruirse y no perder la capacidad de amar, de luchar, de resistir; no es una destreza a dominar, sino una realidad a descubrir, a crear... La resiliencia es más que resistir, es aprender a vivir."
- Gerónimo Acevedo.

Ser sabio no es acumular conocimiento o resolver todos los problemas. **Ser sabio es decidir, ante cada circunstancia: Fluir, agradecer, aprender y dejar ir.**

Me gusta la analogía que alguna vez le escuché a Santiago Pando, ex publicista y creador de películas como "Creer es Crear": La línea de los eventos en tu vida son como el cauce de un río en cuya corriente hay que fluir. Si te topas con un obstáculo, no es necesario resistirte y chocar con él tratando de controlarlo o derribarlo, simplemente **"Sé como el río, que abraza a la piedra, le da las gracias y sigue adelante".**

El desarrollo de nuestro potencial es como un gusano avanzando, se contrae y se expande, la contracción son los momentos

difíciles y complicados y la expansión viene cuando permitimos que esa experiencia nos transforme y saque lo mejor de nosotros. Te mueven el tapete, todo se sacude, buscas tu equilibrio, te adaptas y viene de nuevo otro jalón. Tienes tus paradigmas claros, una tromba te los tira, te los cuestionas, los cambias, te re-adaptas... O como la langosta: ¿Te aprieta el "caparazón" y te incomoda?, te sales y construyes otro más grande.

> *"O nos hacemos miserables o nos hacemos fuertes. La cantidad de esfuerzo es la misma".*
> - Carlos Castañeda.

Un Alquimista Emocional es aquel que logra pasar del "Pobre de mí" al "¿Qué puedo aprender de esto?". Del "¿Por qué yo?" al "Agradezco el regalo y me abro a la experiencia". Del "No voy a poder" al "Confío en que tengo lo que se necesita". Y del "Es lo peor que me pudo pasar" al "Ha sido una de las experiencias más enriquecedoras de mi vida".

La Alquimia Emocional es el arte de poder TRANS-FORMAR lo que no puedes cambiar, esto es: de adaptarte al cambio externo para transformarte constante y positivamente desde dentro. La magia de la alquimia está en cómo enfrentas las situaciones, no en el éxito externo que obtienes.

> *"Cambiar es ser más grande que tu entorno, las condiciones en tu mundo y las circunstancias en tu vida".*
> -Joe Dispenza.

Independientemente de tus creencias, la energía necesaria para hacer Alquimia, no nace de las calorías que comes. Nace del espíritu humano, que es parte del GRAN espíritu, de la energía cuántica, del Chi, de la energía universal, de Dios. Así que **la energía necesaria para sobreponerse y crecer, la energía a la que el Alquimista recurre, está guardada en su espíritu, en su corazón.**

"Estás completo, aunque te sientas roto en mil pedazos.

Aunque el corazón duela, palpita.

Aunque la ansiedad te dificulte jalar aire, respiras.

Aunque lo que te rodea te lleve al pasado, lo único que tienes es este momento y tu esperanza del futuro.

Aunque te sientas débil, tu espíritu se está fortaleciendo.

A pesar de no poder dormir, tienes sueños y anhelos.

Aún cuando tu ego ha sido aplastado, surge de los escombros una fuerte fe en ti.

Aunque sientas rabia y miedo, tu verdadera naturaleza es el amor.

A pesar de que tu mente no puede entender los porqués, tu ser sabe que será para tu evolución.

Aunque quisieras aferrarte, sabes que debes soltar.

Aún a pesar de la profunda tristeza, en tu interior percibes el gozo por la vida.

Y aunque esto no lo pediste, la gratitud brilla tenue en el centro de tu pecho.

Como la oruga que se disuelve totalmente antes de dar pie a la mariposa, así es tu proceso hoy.

Acéptalo, abrázalo y confía."

- Sandy Mora

~~❤~~

Y es así que vamos creciendo y avanzando. Sístole y diástole, caos y orden, contracción y expansión, sombra y luz, golpe y descubrimiento, notas y silencios... así es como el verdadero alquimista construye la sinfonía, la obra de arte que es su vida.

Abraza y construye tu obra de arte. Celebra la vida TODOS los días, mientras tengas el privilegio de seguir aquí.

BIBLIOGRAFÍA

- Kern de Castro Elisa y Moreno-Jiménez Bernardo (2007), RESILIENCIA EN NIÑOS ENFERMOS CRÓNICOS: ASPECTOS TEÓRICOS, Psicología em Estudo, Maringá, v. 12, n. 1, p. 81-86, jan./abr.
- Scali, J., Gandubert, C., Ritchie, K., Soulier, M., Ancelin, L., Chaudieu, I. (2012). Measuring Resilience in Adult Women Using the 10 Items Connor-Davidson Resilience Scale (CD-RISC). PLOS ONE, 7 (6), 1-7.
- VILLALBA QUESADA Cristina. El concepto de resiliencia individual y familiar. Aplicaciones en la intervención social, Intervención Psicosocial, 2003, Vol. 12 N.° 3- Págs. 283-299
- Acevedo, Gerónimo., 2002. Logoterapia y Resiliencia, NOUS, (6), 23-40. Argentina
- Grotberg, Edith H., The International Resilience Project Findings from the
- Research and the Efectivenes of Interventions., Paper presented at the Anual Convention of the International Council of Psychologists (54th, Banf, Canada, July 24-28, 196).
- Martorelli Alicia y Mustaca Alba E., Psicología positiva, salud y enfermos renales crónicos., Revista de Nefrología, diálisis y transplante. volumen24 - n"3 – 2004 Buenos Aires.
- Glenn E. Richardson., The Metatheory of Resilience and Resiliency., JOURNAL OF CLINICAL PSYCHOLOGY. Vol 58(3). 307-321 (2002)
- Peterson Christopher, Park Nansook & Seligman Martin, Greater strengths of character and recovery from illness, The Journal of Positive Psychology, pages 17-26, Volume 1, Issue 1, 2006
- Seligman, Martin E. P.; Csikszentmihalyi, Mihaly., Positive psychology: An introduction., American Psychologist, Vol 55(1), Jan 2000, 5-14.
- Grotberg, E. H. (Ed.). (2003). Contemporary psychology. Resilience for today: Gaining strength from adversity. Westport, CT, US: Praeger Publishers/ Greenwood Publishing Group.

- Masten, Ann S.; Coatsworth, J. Douglas. 1998 The development of competence in favorable and unfavorable environments: Lessons from research on successful children. American Psychologist, 53(2), 205-220.
- Castanedo Secadas Celedonio, Munguía Arias Gabriela · Diagnóstico, Intervención e Investigación en Psicología Humanística, Editorial Ccs
- Wilson John P., Ph.D. The Posttraumatic Self, restoring meaning and wholeness to personality., Routledge; 1 edition (2005)
- Frankl Viktor, El hombre en busca de Sentido, Editorial Herder
- Kübler-Ross Elizabeth, The wheel of life: A memoir of living and dying, Simon & Schuster, (1998)
- Sandberg Sheryl and Grant Adam., Option B: Facing Adversity, Building Resilience, and Finding Joy, Knopf Publishing Group (2017)
- Chodron Pema, Cuando Todo se derrumba, Gaia, (2013)
- Seligman Martin E.P., Learned Optimism: How to change your mind and your life, Vintage Books, (2006)
- Montminy Zelana, 21 days to Resilience., HarperOne (2016)
- Pasricha Neil, How to get back up, A Memoir of Failure and Resilience, Audible Studios on Brilliance (2019)
- Singer Michael A., The Untehered soul, New Harbinger Publications; Edición: 1 (2007)
- Tolle Ekhard, El poder del ahora, Gaia (2013)
- Karia Akash, 7 things resilient people do differently., AkashKaria.com (2016)
- Trungpa Chogyam , Smile at Fear: Awakening the True Heart of Bravery., Shambhala (2010)
- Brown Brené PHD, Braving the wilderness, Random House, (2017)
- Brown Brené PHD, Daring greatly, Avery Publishing Group (2015)
- Brown Brené PHD, Rising strong, Spiegel & Grau (2015)
- Brach Tara, Radical Self acceptance, Sounds True Inc (2005)
- Hanson Rick PHD, Hardwiring Happiness, Harmony; (2016)
- Holiday Ryan, The obstacle is the way, Portfolio (2014)
- Moore Christian, The resilience Breakthrough, Greenleaf Book Group (2014)

- Greitens Erik, Resilience: Hard-won wisdom for living a better life, Mariner Books (2016)
- Panos Alexis and Smiles Preston, Now or Never: Your epic life in 5 steps, SIMON & SCHUSTER, (2016)
- Dalai Lama and Desmond Tutu, The book of Joy, Hutchinson, (2016)
- LaPorte Danielle, The Desire Map, Sounds True Inc., (2014)
- Heer Dain, Being you, changing the world, Access Consciousness Publishing Company (2013)
- Doyle Glennon, Love Warrior, Flatiron Books (2016).

ACERCA DE LA AUTORA

Sandy Mora (Sandra Mora Fernández Mac Gregor), Nació en la Ciudad de México y reside desde hace casi 2 décadas en Santiago de Querétaro.

Es Licenciada en Ciencias de la Comunicación con una Maestría en Desarrollo del Potencial Humano.

Tras más de 20 años en el mundo corporativo (en áreas de Publicidad, mercadotecnia y promociones) y después de fuertes vivencias que involucraron, entre otras cosas, cáncer de mama y la Insuficiencia renal y transparente de uno de sus tres hijos, encontró su sentido y propósito de vida en el acompañamiento de individuos y grupos en temas de Desarrollo Humano, especializándose particularmente en resiliencia (Alquimia Emocional) y manejo del cambio.

Su objetivo principal es ayudar a otros a encontrar su propio potencial, fortalecer su capacidad resiliente y adaptativa y a crecer aún en sus momentos más difíciles.

Esto lo hace a través de conferencias, talleres, facilitación de grupos y con acompañamiento 1 a 1.

Ha trabajado también como Instructora de capacitación vivencial para equipos empresariales, y dando terapia de Barras de Access Consciousness®.

Es una firme creyente en la naturaleza bondadosa del ser humano, en la responsabilidad que cada uno tiene en la forma como responde a sus circunstancias y genera su realidad, en que el corazón es quien tiene las respuestas y que TODOS tenemos la capacidad de decidir vivir plena e intensamente, celebrando la vida TODOS los días.

~❤~

DATOS DE CONTACTO

Talleres, seminarios, conferencias, asesorías, Acompañamiento uno a uno, sesiones de Barras de Access Consciousness.

Entrenamientos online y presenciales

Página Web: www.sandy-mora.com

FanPage Facebook: www.facebook.com/sandra.mora/

Instagram: www.Instagram.com/sandymora.mx/

Únete en Facebook a **"El Club de la limonada"** para compartir y practicar el encontrar el regalo oculto y buscar el sentido del humor a la adversidad.

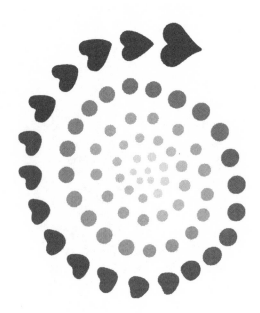